준비하는

계산편

5분수학

아침5분수학(계산편)의 소개

스스로 알아서 하는 아침5분수학으로 기운찬 하루를 보내자!!!
매일 아침, 아침 밥을 먹으면 하루를 건강하게 보낼 수 있습니다.
마찬가지로, 매일 아침 5분의 계산 연습은 기운찬 하루를 보내게해 줄 것입니다.
매일 아침의 훈련으로 공부에 눈을 뜨는 버릇이 몸에 배게 되어,
스스로 공부하는 습관이 생기게 됩니다.
읽는 습관과 쓰는 습관으로 하루를 계획하고,
준비해서 매일 아침을 상쾌하게 시작하세요.

아침5분수학(계산편)의 활용

1. 아침 학교 가기전 집에서 하루를 준비하세요.
2. 등교후 1교시 수업전 학교에서 풀고, 수업 준비를 완료하세요.
3. 수학시간 전 휴식시간에 수학 수업 준비 마무리용으로 활용 하세요.
4. 학년별 학기용으로 이해하기 쉬운 내용으로 구성되어 학기 시작전 예습용이나
   단기 복습용으로 활용하세요.
5. 계산력 연습용과 하루 일과 준비를 할 수 있는 이 교재로 몇달 후
   달라진 모습을 기대 하세요.

HAPPY 꿈을 향한 **나의 목표**  화이팅!!

나는   (하)고   한

(이)가 될거예요!

공부의 목표

예체능의 목표

생활의 목표

건강의 목표

 나의 목표를 꼼꼼히 세우고, 목표를 달성하기위해 노력해요^^

으쌰 으쌰!

 공부의 목표를 달성하기 위해

1.

2.

3.

할거예요.

예체능의 목표를 달성하기 위해

1.

2.

3.

할거예요.

 생활의 목표를 달성하기 위해

1.

2.

3.

할거예요.

건강의 목표를 달성하기 위해

1.

2.

3.

할거예요.

 나의 목표를 꼼꼼히 세우고, 목표를 달성하기위해 노력해요^^

이번달을 응원해!

SUN	MON	TUE	WED	THU	FRI	SAT

이달이의 한마디를 상상해서 적어보세요!

응원이
표정

HAPPY!

일주일 일기장

[ ]월 [ ]일

| 재미있었던 과목 | 친하게 지낸 친구 | 하고 싶은 일 | 잘 못한 일 |

기억에 남는 일

다음주 각오

[ ]월 [ ]일

| 재미있었던 과목 | 친하게 지낸 친구 | 하고 싶은 일 | 잘 못한 일 |

기억에 남는 일

다음주 각오

[ ]월 [ ]일

| 재미있었던 과목 | 친하게 지낸 친구 | 하고 싶은 일 | 잘 못한 일 |

기억에 남는 일

다음주 각오

[ ]월 [ ]일

| 재미있었던 과목 | 친하게 지낸 친구 | 하고 싶은 일 | 잘 못한 일 |

기억에 남는 일

다음주 각오

일주일 일기장

[ ] 월 [ ] 일

| 재미있었던 과목 | 친하게 지낸 친구 | 하고 싶은 일 | 잘 못한 일 |

기억에 남는 일

다음주 각오

[ ] 월 [ ] 일

| 재미있었던 과목 | 친하게 지낸 친구 | 하고 싶은 일 | 잘 못한 일 |

기억에 남는 일

다음주 각오

[ ] 월 [ ] 일

| 재미있었던 과목 | 친하게 지낸 친구 | 하고 싶은 일 | 잘 못한 일 |

기억에 남는 일

다음주 각오

[ ] 월 [ ] 일

| 재미있었던 과목 | 친하게 지낸 친구 | 하고 싶은 일 | 잘 못한 일 |

기억에 남는 일

다음주 각오

SUN	MON	TUE	WED	THU	FRI	SAT

HAPPY!

일주일 일기장

일요일 저녁에 적으세요.

[ ] 월 [ ] 일

| 재미있었던 과목 | 친하게 지낸 친구 | 하고 싶은 일 | 잘 못한 일 |

기억에 남는 일

다음주 각오

[ ] 월 [ ] 일

| 재미있었던 과목 | 친하게 지낸 친구 | 하고 싶은 일 | 잘 못한 일 |

기억에 남는 일

다음주 각오

[ ] 월 [ ] 일

| 재미있었던 과목 | 친하게 지낸 친구 | 하고 싶은 일 | 잘 못한 일 |

기억에 남는 일

다음주 각오

[ ] 월 [ ] 일

| 재미있었던 과목 | 친하게 지낸 친구 | 하고 싶은 일 | 잘 못한 일 |

기억에 남는 일

다음주 각오

아침5분수학 (계산편)의 차례 5학년 2학기

🐤 (부록) 집중 계산력 연습 8회분

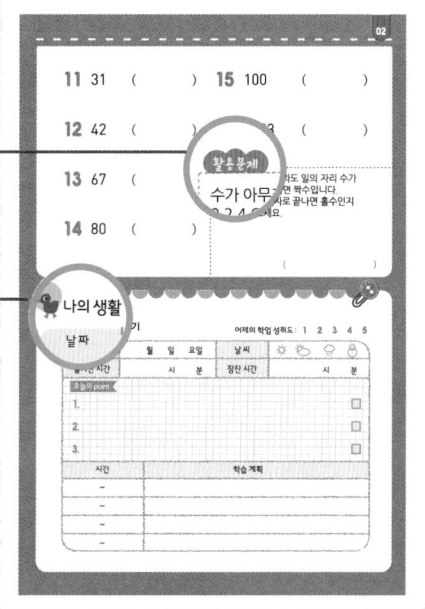

앞장

08 세수의 곱셈

월 일
분 초

소리내어 읽기

50

의 계산

개씩 곱하는 것이 보통입니다.
주 150에 2를 곱하면 300입니다.
앞0   6과 150을 곱하여도 300입니다.
있는 식은 순서에 어떤 수를 먼저
계산하여도 같은 값입니다.
( )괄호는 먼저 계산하라는 기호입니다.

(50 × 2)
=100 × 3
=300

50 × (2 × 3)
=50 × 6
=300

소리내어 풀기

위으   이해하고 아래를 계산해 보세요.

× 24 =   **6** 60 × 2 × 3 =

2 3 × 5 × 2 =   **7** 8 × 2 × 4 =

3 7 × 5 × 2 =   **8** 20 × 4 × 2 =

4 8 × 2 × 3 =   **9** 23 × 5 × 2 =

5 9 × 4 × 5 =   **10** 11

문제 맞았기

09

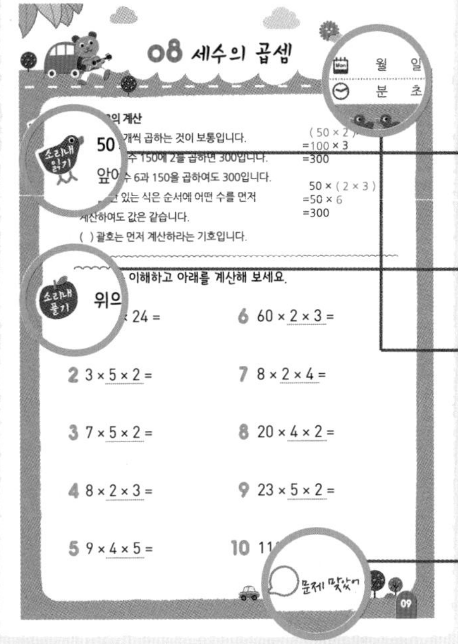

● 1. 그날 학습할 내용을 소리 내 읽습니다.

2. 그다음 소리 내 읽으며 계산 연습을 합니다.
   계산을 시작하기 전,시계로 시간을 잽니다.

● 3. 끝났으면, 걸린 시간을 적습니다.

● 4. 스스로 답을 맞히고, 맞힌 개수를 써넣습니다.
   틀린 문제는 다시 풀어봅니다.

뒷장

02

11 31   (   )   **15** 100   (   )

12 42   (   )   3

13 67   (

활용문제

수가 아무   하도 일의 자리 수가
              면 짝수입니다.
              2 2 4 6   로 끝나면 홀수인지
              세요.

14 80   (   )   (   )

나의 생활

어제의 학습성취도: 1 2 3 4 5

날짜   월 일 요일   날씨   ☼ ☁ ☂

학습 시간   시   분   잠잔 시간   시   분

오늘의 point

1.   □
2.   □
3.   □

시간   학습계획
~
~
~

5. 다음 장에서는 확인문제와 활용문제로
   반복 학습을 합니다.

6. 나의 생활에 어제 잠잔 시간,
   학업의 성취도등을 체크하고,
   오늘해야 할 일을 정리하고 계획합니다.

7. 하루를 시작할 마음의 준비를 하고,
   하루를 계획한 대로 실천하도록 노력
   합니다.

01 분수와 소수

분수와 소수는 서로 바꾸어 나타낼 수 있습니다.

분모가 10인 분수는 소수 한자리수로,

분모가 100인 분수는 소수 두자리수로,

분모가 1000인 분수는 소수 세자리수로

나타낼 수 있습니다.

$$\frac{1}{10} = 0.1 \quad \frac{1}{100} = 0.01 \quad \frac{1}{1000} = 0.001$$

$$2\frac{3}{10} = 2.3 \quad \frac{123}{100} = 1.23 \quad \frac{123}{1000} = 0.123$$

분수를 소수로 나타내세요.

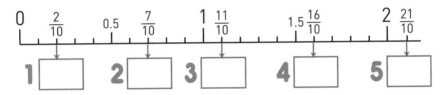

1 $\boxed{}$ 2 $\boxed{}$ 3 $\boxed{}$ 4 $\boxed{}$ 5 $\boxed{}$

6 $\dfrac{3}{10} =$ 　　　　　　**11** $\dfrac{3}{100} =$

7 $\dfrac{21}{10} =$ 　　　　　　**12** $\dfrac{21}{100} =$

8 $\dfrac{35}{10} =$ 　　　　　　**13** $\dfrac{105}{100} =$

9 $\dfrac{10}{10} =$ 　　　　　　**14** $\dfrac{100}{100} =$

10 $\dfrac{100}{10} =$ 　　　　　　**15** $\dfrac{1500}{100} =$

16 $\dfrac{3}{1000} =$　　　　　　**21** $\dfrac{60}{10} =$

17 $\dfrac{21}{1000} =$　　　　　　**22** $\dfrac{170}{100} =$

18 $\dfrac{105}{1000} =$　　　　　　**23** $\dfrac{300}{100} =$

19 $\dfrac{3051}{1000} =$　　　　　　**24** $\dfrac{4570}{1000} =$

20 $\dfrac{5000}{1000} =$　　　　　　**25** $\dfrac{3100}{1000} =$

나의 생활 일기

잘했다고 생각되면 **5**점
어제의 학업 성취도 :　1　2　3　4　5

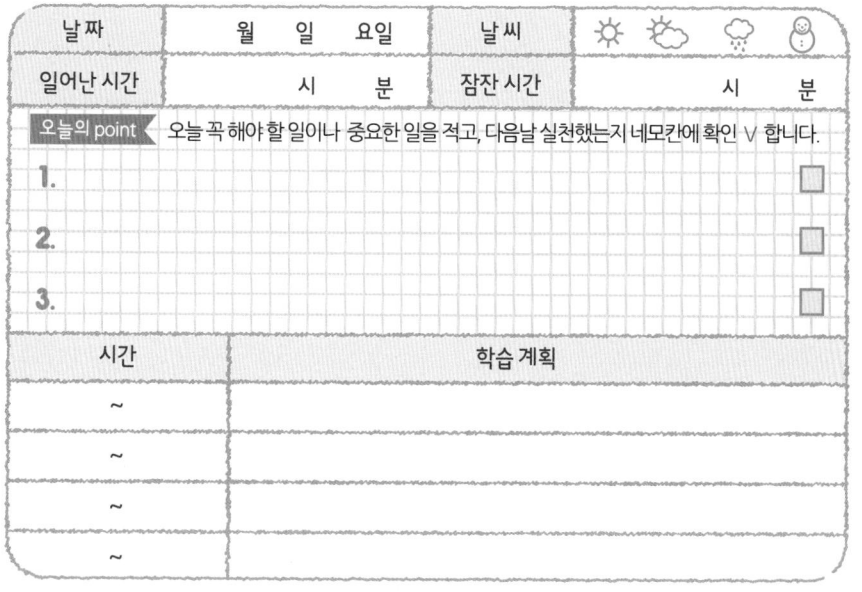

날짜	월　일　요일	날씨	☀ ☁ ☂ ☃
일어난 시간	시　분	잠잔 시간	시　분

오늘의 point ▶ 오늘 꼭 해야 할 일이나 중요한 일을 적고, 다음날 실천했는지 네모칸에 확인 ∨ 합니다.

1.　　☐

2.　　☐

3.　　☐

시간	학습 계획
~	
~	
~	
~	

O2 분수를 소수로 만들기⑴

소리내 읽기

분모가 10,100,1000....이 되게 합니다.

분모가 10,100,1000...이 될 수 있는 수를
분모와 분자에 똑같이 곱한 후 분수로
나타냅니다. 분수의 자연수 부분은
소수의 자연수 부분이 됩니다.

$$\frac{4}{5} = \frac{4 \times 2}{5 \times 2} = \frac{8}{10} = 0.8$$

$$4\frac{7}{20} = 4 + \frac{7 \times 5}{20 \times 5} = 4 + \frac{35}{100} = 4.35$$

소리내 풀기

아래 분수를 소수로 나타내어 보세요.

1 $\frac{1}{2}$ =

6 $\frac{13}{200}$ =

2 $\frac{2}{4}$ =

7 $\frac{27}{250}$ =

3 $\frac{3}{5}$ =

8 $\frac{26}{125}$ =

4 $\frac{7}{25}$ =

9 $\frac{23}{40}$ =

5 $\frac{19}{50}$ =

10 $\frac{3}{8}$ =

18문제 중 ◯문제 맞았기!

11 $2\frac{1}{5} =$

12 $1\frac{15}{50} =$

13 $3\frac{3}{4} =$

14 $2\frac{21}{25} =$

15 $5\frac{29}{40} =$

16 $6\frac{73}{125} =$

17 $3\frac{42}{200} =$

18 $4\frac{5}{8} =$

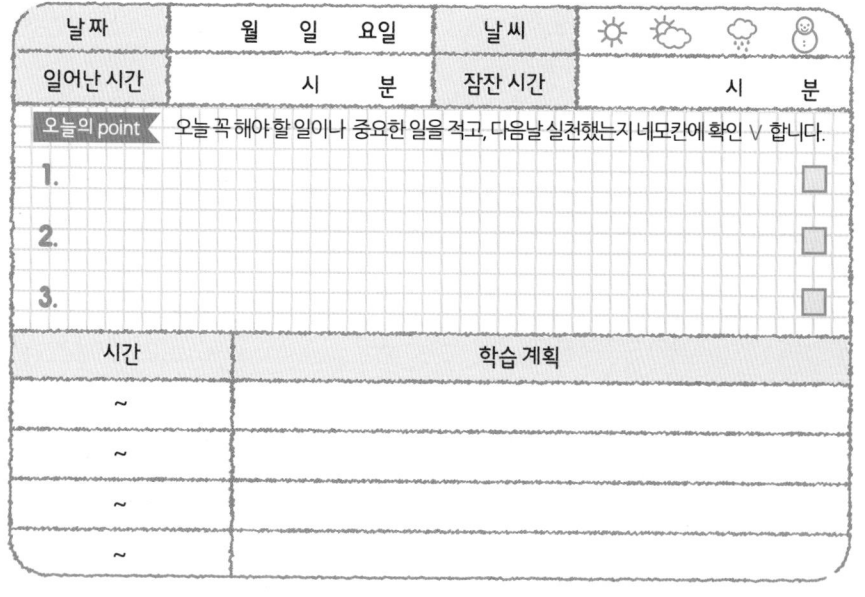

분수의 분자를 분모로 나누어 나타냅니다.

$\dfrac{4}{5}$ 를 소수로 나타내는 다른 방법은 분자를 앞에 적고, 분모를 뒤에 적어 나누는 방법입니다.

즉, 분자를 분모로 나누어 줍니다.

$$\dfrac{4}{5} = 4 \div 5 = 0.8$$

$$3\dfrac{4}{5} = 3 + 0.8 = 3.8$$

$$\begin{array}{r} 0.8 \\ 5\overline{)4.0} \\ 4\,0 \\ \hline 0 \end{array}$$

위의 방법대로 소수를 만드는 방법입니다. 알맞은 수를 써 넣으세요.

1 $\dfrac{1}{2} = \boxed{} \div \boxed{} = 0.5$

6 $1\dfrac{1}{2} = \boxed{}$

2 $\dfrac{3}{5} = \boxed{} \div \boxed{} = 0.6$

7 $3\dfrac{3}{5} = \boxed{}$

3 $\dfrac{10}{25} = \boxed{} \div \boxed{} = 0.4$

8 $2\dfrac{10}{25} = \boxed{}$

4 $\dfrac{15}{50} = \boxed{} \div \boxed{} = 0.3$

9 $5\dfrac{15}{50} = \boxed{}$

5 $\dfrac{24}{60} = \boxed{} \div \boxed{} = 0.4$

10 $4\dfrac{24}{60} = \boxed{}$

18문제 중 ◯ 문제 맞았기!

11 $\dfrac{4}{25} = \boxed{} \div \boxed{} = 0.16$ **15** $2\dfrac{4}{25} = \boxed{}$

12 $\dfrac{9}{20} = \boxed{} \div \boxed{} = 0.45$ **16** $1\dfrac{9}{20} = \boxed{}$

13 $\dfrac{22}{40} = \boxed{} \div \boxed{} = 0.55$ **17** $3\dfrac{22}{40} = \boxed{}$

14 $\dfrac{36}{48} = \boxed{} \div \boxed{} = 0.75$ **18** $4\dfrac{36}{48} = \boxed{}$

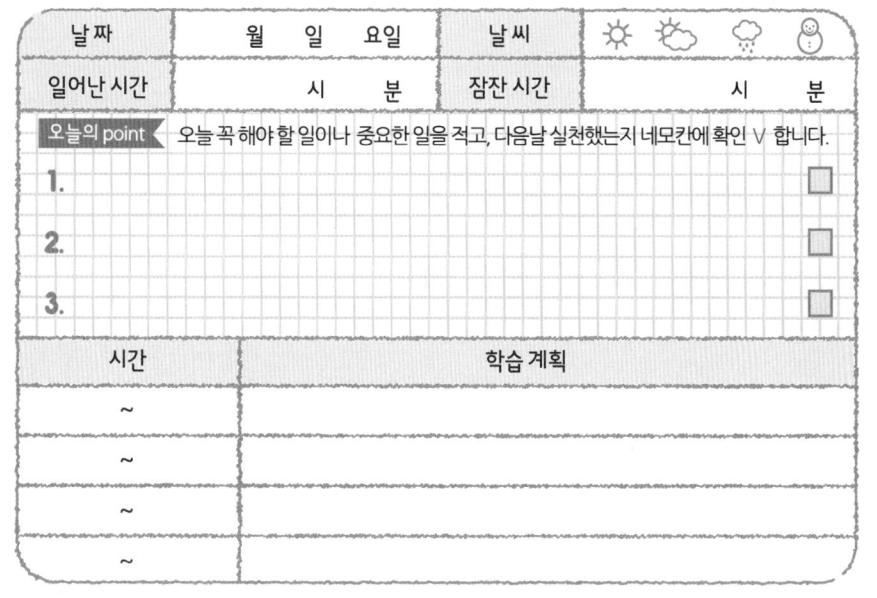

나의 생활 일기

어제의 학업 성취도 : 1 2 3 4 5
잘했다고 생각되면 **5**점

날짜	월 일 요일	날씨	☀ ⛅ 🌧 ☃
일어난 시간	시 분	잠잔 시간	시 분

오늘의 point ▶ 오늘 꼭 해야 할 일이나 중요한 일을 적고, 다음날 실천했는지 네모칸에 확인 ∨ 합니다.

1. ☐

2. ☐

3. ☐

시간	학습 계획
~	
~	
~	
~	

월 일
분 초

아래 분수를 소수로 만들어 보세요.

1 $\dfrac{1}{4}$ =

6 $\dfrac{12}{250}$ =

2 $\dfrac{1}{5}$ =

7 $\dfrac{23}{125}$ =

3 $\dfrac{9}{25}$ =

8 $\dfrac{17}{40}$ =

4 $\dfrac{11}{50}$ =

9 $\dfrac{3}{8}$ =

5 $\dfrac{7}{20}$ =

10 $\dfrac{19}{200}$ =

18문제중 ◯ 문제 맞았어!

11 $6\dfrac{3}{4} =$

15 $3\dfrac{5}{8} =$

12 $4\dfrac{23}{25} =$

16 $7\dfrac{46}{250} =$

13 $5\dfrac{4}{5} =$

17 $2\dfrac{51}{200} =$

14 $1\dfrac{34}{50} =$

18 $9\dfrac{32}{125} =$

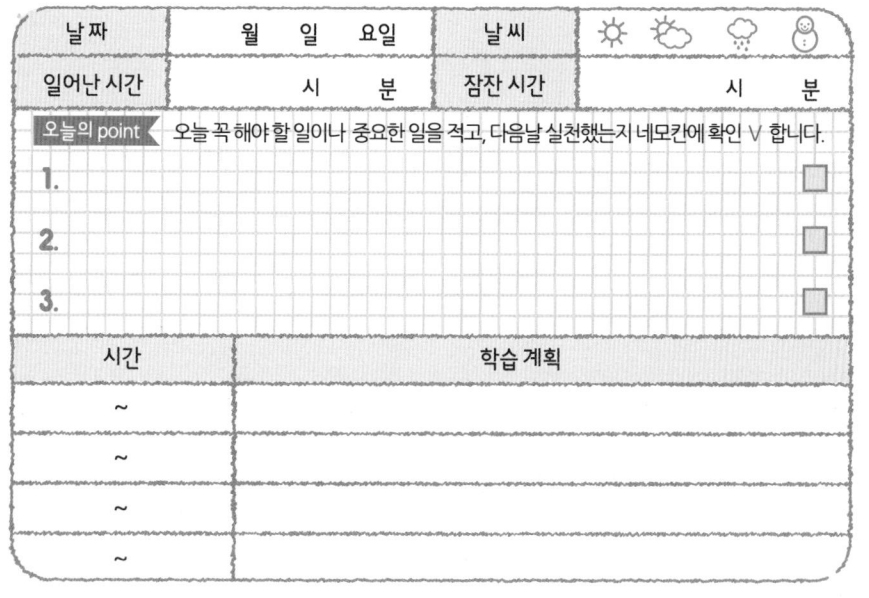

나의 생활 일기

잘했다고 생각되면 **5**점
어제의 학업 성취도 : **1**　**2**　**3**　**4**　**5**

날짜	월　일　요일	날씨	☀ ☁ 🌧 ⛄
일어난 시간	시　　분	잠잔 시간	시　　분

오늘의 point ◀ 오늘 꼭 해야 할 일이나 중요한 일을 적고, 다음날 실천했는지 네모칸에 확인 ∨ 합니다.

1. ☐
2. ☐
3. ☐

시간	학습 계획
~	
~	
~	
~	

05 분수와 소수의 크기

분수는 소수로 고쳐서 크기를 비교합니다.

$\frac{4}{5}$ 를 소수로 고치면 0.8입니다.

0.7과 $\frac{4}{5}$의 크기를 비교하면 0.8이 크므로

$\frac{4}{5}$ 가 더 큽니다. 소수와 분수의 크기는

분수를 소수로 고쳐서 비교합니다.

$$0.7 \;\; < \;\; \frac{4}{5} = 0.8$$

분수를 소수로 고쳐 크기를 비교하고, ◯ 안에 <, >, =을 적으세요.

1 $0.3 \bigcirc \dfrac{1}{4}$

5 $0.2 \bigcirc \dfrac{57}{250}$

2 $0.4 \bigcirc \dfrac{2}{5}$

6 $0.3 \bigcirc \dfrac{35}{125}$

3 $0.6 \bigcirc \dfrac{16}{25}$

7 $0.5 \bigcirc \dfrac{23}{40}$

4 $0.4 \bigcirc \dfrac{19}{50}$

8 $0.4 \bigcirc \dfrac{3}{8}$

14문제중 ◯ 문제 맞았어!

9 $0.75 \bigcirc \dfrac{2}{4}$

12 $0.21 \bigcirc \dfrac{50}{250}$

10 $0.59 \bigcirc \dfrac{4}{5}$

13 $0.65 \bigcirc \dfrac{75}{125}$

11 $0.86 \bigcirc \dfrac{20}{25}$

14 $0.21 \bigcirc \dfrac{40}{200}$

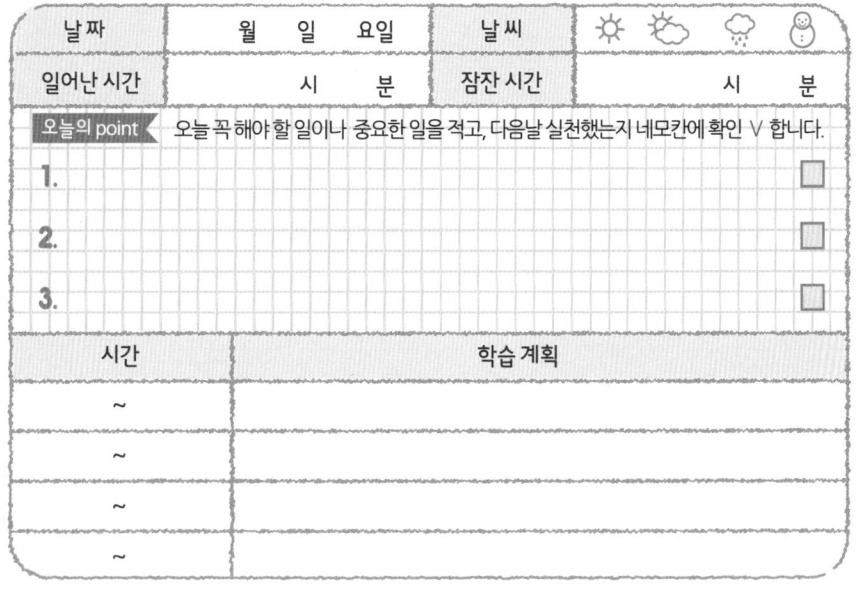

나의 생활 일기

잘했다고 생각되면 **5**점
어제의 학업 성취도 : **1 2 3 4 5**

날짜	월 일 요일	날씨	☀ ⛅ 🌧 ⛄
일어난 시간	시 분	잠잔 시간	시 분

오늘의 point ◀ 오늘 꼭 해야 할 일이나 중요한 일을 적고, 다음날 실천했는지 네모칸에 확인 ∨ 합니다.

1. ☐

2. ☐

3. ☐

시간	학습 계획
~	
~	
~	
~	

소수와 분수는 서로 바꾸어 나타낼 수 있습니다.

소수 한자리수는 분모가 10인 분수로,
소수 두자리수는 분모가 100인 분수로,
소수 세자리수는 분모가 1000인 분수로
나타낼 수 있습니다. 만약 약분이 되면
반드시 약분하여 기약분수로 만듭니다.

$$0.1 = \frac{1}{10} \qquad 0.01 = \frac{1}{100} \qquad 0.001 = \frac{1}{1000}$$

$$2.2 = \frac{\overset{11}{\cancel{22}}}{\underset{5}{\cancel{10}}} = \frac{11}{5} \qquad 1.22 = 1 + \frac{\overset{11}{\cancel{22}}}{\underset{50}{\cancel{100}}} = 1\frac{11}{50}$$

약분이 되는 분수를 약분하지 않으면 틀린답이 됩니다.

아래 소수를 분수로 나타내세요.

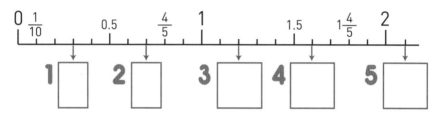

$0 \;\; \frac{1}{10} \qquad 0.5 \qquad \frac{4}{5} \qquad 1 \qquad 1.5 \qquad 1\frac{4}{5} \qquad 2$

1 ☐ **2** ☐ **3** ☐ **4** ☐ **5** ☐

6 0.3 =

7 0.7 =

8 0.9 =

9 0.03 =

10 0.17 =

11 0.29 =

12 0.37 =

13 0.71 =

14 0.63 =

15 0.59 =

16 2.4 =

20 9.25 =

17 1.8 =

21 7.32 =

18 15.5 =

22 16.48 =

19 10.2 =

23 10.01 =

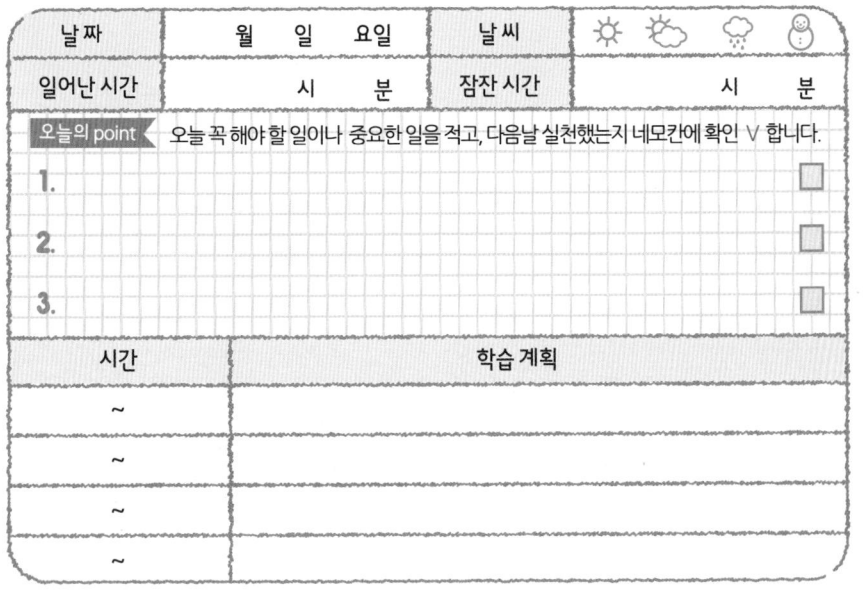

🐦 **나의 생활 일기**

어제의 학업 성취도 : 1 2 3 4 5   잘했다고 생각되면 **5**점

날 짜	월 일 요일	날 씨	☀ ☁ 🌧 ⛄
일어난 시간	시 분	잠잔 시간	시 분

오늘의 point ◀ 오늘 꼭 해야 할 일이나 중요한 일을 적고, 다음날 실천했는지 네모칸에 확인 ∨ 합니다.

1. ☐
2. ☐
3. ☐

시간	학습 계획
~	
~	
~	
~	

07 소수를 분수로 만들기 (연습)

Mon 월 일
분 초

소리내 풀기

아래 소수를 기약분수가 있는 대분수나 기약분수로 나타내세요.

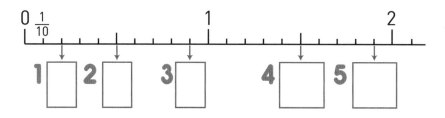

$0 \quad \frac{1}{10}$ 1   2

1 ☐   **2** ☐   **3** ☐   **4** ☐   **5** ☐

6   2.4 =

7   3.5 =

8   4.6 =

9   3.2 =

10   5.8 =

11   1.25 =

12   2.75 =

13   1.42 =

14   1.28 =

15   3.56 =

23문제 중 ◯ 문제 맞았기!

16 6.5 =

20 9.75 =

17 9.8 =

21 7.25 =

18 12.4 =

22 16.34 =

19 23.5 =

23 32.15 =

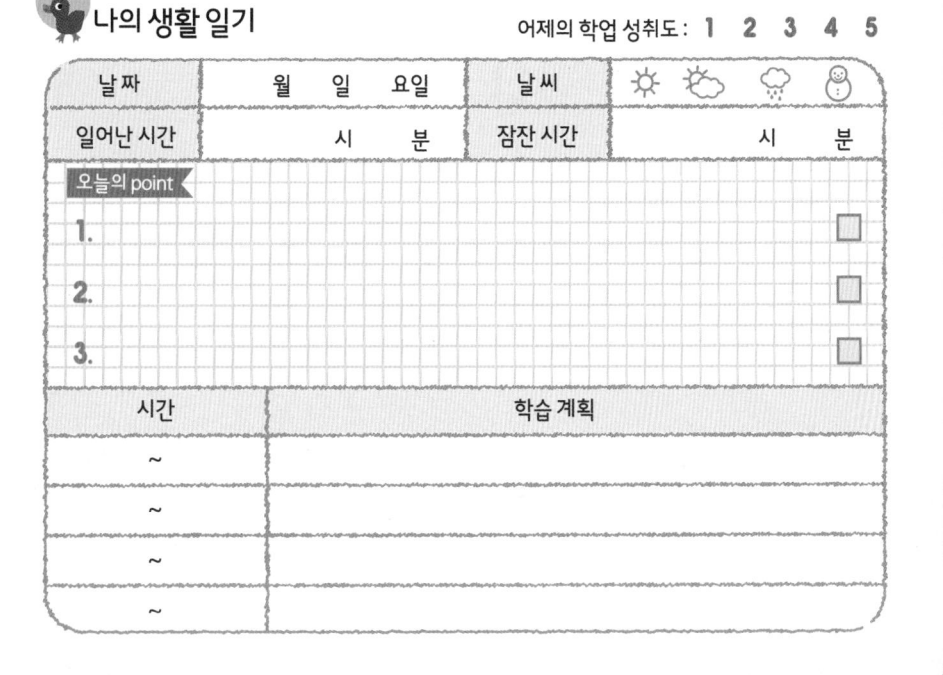

나의 생활 일기

어제의 학업 성취도 : **1   2   3   4   5**

날짜	월 일 요일		날씨	☀ ⛅ ☁ ☃	
일어난 시간		시 분	잠잔 시간		시 분

오늘의 point

1. ☐
2. ☐
3. ☐

시간	학습 계획
~	
~	
~	
~	

소수를 분수로 고쳐서 크기를 비교해도 됩니다.

0.8을 분수로 고치면 $\frac{8}{10}$입니다.

$\frac{3}{5}$을 분모가 10인 분수로 바꾸면 $\frac{6}{10}$이므로

0.8이 더 큽니다. 분수끼리의 크기 비교는

반드시 분모를 같게 해서 비교합니다.

$$\frac{3}{5} \;\textcircled{<}\; 0.8$$
$$\begin{array}{ccc} \| & & \| \\ \dfrac{6}{10} & & \dfrac{8}{10}\left(=\dfrac{4}{5}\right) \end{array}$$

소수를 분수로 고쳐 크기를 비교하고, ◯안에 <,>,=을 적으세요.

1 $\frac{1}{5}$ ◯ 0.2

5 $\frac{7}{25}$ ◯ 0.24

2 $\frac{4}{5}$ ◯ 0.8

6 $\frac{6}{25}$ ◯ 0.26

3 $\frac{1}{2}$ ◯ 0.7

7 $\frac{34}{50}$ ◯ 0.68

4 $\frac{6}{20}$ ◯ 0.3

8 $\frac{41}{50}$ ◯ 0.86

🚗 12문제중 ◯ 문제맞았어!

9 $\dfrac{14}{200}$ ◯ 0.065

11 $\dfrac{3}{8}$ ◯ 0.375

10 $\dfrac{12}{250}$ ◯ 0.044

12 $\dfrac{33}{125}$ ◯ 0.256

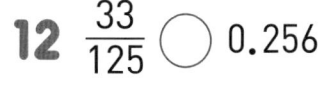

나의 생활 일기

어제의 학업 성취도 : **1 2 3 4 5**

날짜	월 일 요일	날씨	☼ ☁ ☂ ☃
일어난 시간	시 분	잠잔 시간	시 분

오늘의 point ◀

1. □

2. □

3. □

시간	학습 계획
~	
~	
~	
~	

09 소수와 분수의 크기 (연습)

 소리내 풀기

두 수의 크기를 비교하고, ◯ 안에 <,>,=을 적으세요.

1 $\dfrac{1}{2}$ ◯ 0.3

2 $\dfrac{1}{5}$ ◯ 0.2

3 $\dfrac{11}{25}$ ◯ 0.4

4 $\dfrac{43}{50}$ ◯ 0.3

5 $\dfrac{3}{20}$ ◯ 0.14

6 $\dfrac{103}{250}$ ◯ 0.41

7 $\dfrac{101}{125}$ ◯ 0.81

8 $\dfrac{23}{40}$ ◯ 0.32

9 $\dfrac{1}{8}$ ◯ 0.09

10 $\dfrac{132}{200}$ ◯ 0.62

14문제 중 ◯ 문제 맞았어!

11 $0.095 \bigcirc \dfrac{21}{200}$ **13** $0.875 \bigcirc \dfrac{7}{8}$

12 $0.124 \bigcirc \dfrac{31}{250}$ **14** $0.384 \bigcirc \dfrac{49}{125}$

나의 생활 일기

어제의 학업 성취도 : 1 2 3 4 5

날짜	월 일 요일	날씨	 ☀ ☁ ☔ ⛄
일어난 시간	시 분	잠잔 시간	시 분

오늘의 point

1. ☐

2. ☐

3. ☐

시간	학습 계획
~	
~	
~	
~	

10 자연수 ÷ 분수

나눗셈를 곱셈으로 고치면 분자와 분모의 자리가 바뀝니다.

$3 \div \dfrac{6}{7}$ 을 곱셈으로 고쳐서 몫을 구하려면

나누어지는 수 3은 그대로 있고,

나누는 수 $\dfrac{6}{7}$의 분자와 분모의 자리를 바꾼

$\dfrac{7}{6}$을 곱하여 계산합니다.

그대로 옮깁니다.

$$3 \div \dfrac{6}{7} = 3 \times \dfrac{7}{6} = \dfrac{7}{2} = 3\dfrac{1}{2}$$

분모 ➡ 분자
분자 ➡ 분모 로 바꾸고 약분, 대분수로 바꿉니다.

아래 나눗셈의 몫을 분수로 나타내세요.
(가분수는 대분수로 고치고, 약분이 가능한 분수는 꼭 약분하세요.)

1 $2 \div \dfrac{1}{4} =$

5 $12 \div \dfrac{3}{4} =$

2 $3 \div \dfrac{9}{5} =$

6 $15 \div \dfrac{3}{5} =$

3 $4 \div \dfrac{8}{9} =$

7 $21 \div \dfrac{18}{25} =$

4 $5 \div \dfrac{10}{13} =$

8 $26 \div \dfrac{12}{45} =$

14 문제중 ○ 문제 맞았어!

9 $4 \div \dfrac{3}{4} =$

10 $5 \div \dfrac{5}{6} =$

11 $2 \div \dfrac{4}{7} =$

12 $12 \div \dfrac{8}{15} =$

13 $10 \div \dfrac{2}{3} =$

14 $14 \div \dfrac{21}{32} =$

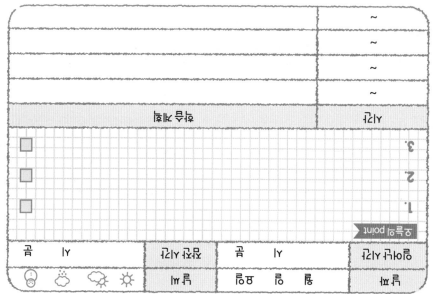

 나의 생활 읽기

오늘의 하루 만족도 : 1 2 3 4 5

날짜		월 일 요일		날씨	☀ ☁ ⛆ ⛅ ☻
일어난 시간	시 분	잠든 시간		시 분	

오늘의 point

1. ☐
2. ☐
3. ☐

시간	하루 계획
~	
~	
~	
~	

소리내 풀기

아래 나눗셈의 몫을 분수로 나타내세요.
(가분수는 대분수로 고치고, 약분이 가능한 분수는 꼭 약분하세요.)

1 $2 \div \dfrac{4}{7} =$

2 $3 \div \dfrac{3}{5} =$

3 $4 \div \dfrac{2}{7} =$

4 $5 \div \dfrac{15}{23} =$

5 $6 \div \dfrac{12}{13} =$

6 $7 \div \dfrac{21}{25} =$

7 $12 \div \dfrac{6}{7} =$

8 $15 \div \dfrac{15}{16} =$

9 $21 \div \dfrac{18}{25} =$

10 $24 \div \dfrac{12}{13} =$

11 $30 \div \dfrac{10}{21} =$

12 $50 \div \dfrac{5}{18} =$

18문제중 ◯문제 맞았기!

나의 생활 일기

아빠의 칭찬 스티커 : 1 2 3 4 5

날짜	일어난 시간		월 요 일		날씨	
	시	분		☀ ⛅ ☁ 😴		
날씨	잠잔 시간		시	분		

> 오늘의 point

1. ☐

2. ☐

3. ☐

시간	하루 계획
~	
~	
~	
~	

---

13 $8 \div \dfrac{36}{43} =$

14 $9 \div \dfrac{21}{32} =$

15 $7 \div \dfrac{35}{47} =$

16 $21 \div \dfrac{27}{29} =$

17 $28 \div \dfrac{56}{61} =$

18 $10 \div \dfrac{30}{43} =$

나눗셈를 곱셈으로 고치면 분자와 분모의 자리가 바뀝니다.

1 ÷ 3을 곱셈으로 나타내면

1을 3등분한 1등분으로 $\frac{1}{3}$ 과 같고

1의 $\frac{1}{3}$ 배입니다. 1 ÷ 3 = 1 × $\frac{1}{3}$ 과 같습니다.

3은 $\frac{3}{1}$ 과 같으므로 자리를 바꾸면 $\frac{1}{3}$ 이 됩니다.

그대로 옮깁니다.

$$1 ÷ 3 = 1 × \frac{1}{3} = \frac{1}{3}$$

분모가 되고,
분자가 1인 분수가 됩니다.

아래 나눗셈의 몫을 분수로 나타내세요.
(가분수는 대분수로 고치고, 약분이 가능한 분수는 꼭 약분하세요.)

1 1 ÷ 4 =

6 12 ÷ 24 =

2 8 ÷ 6 =

7 15 ÷ 18 =

3 4 ÷ 8 =

8 21 ÷ 12 =

4 3 ÷ 9 =

9 14 ÷ 21 =

5 9 ÷ 3 =

10 42 ÷ 28 =

18문제 중   문제 맞았기!

11 $24 \div 28 =$

12 $35 \div 49 =$

13 $16 \div 48 =$

14 $15 \div 27 =$

15 $72 \div 56 =$

16 $84 \div 36 =$

17 $65 \div 30 =$

18 $91 \div 21 =$

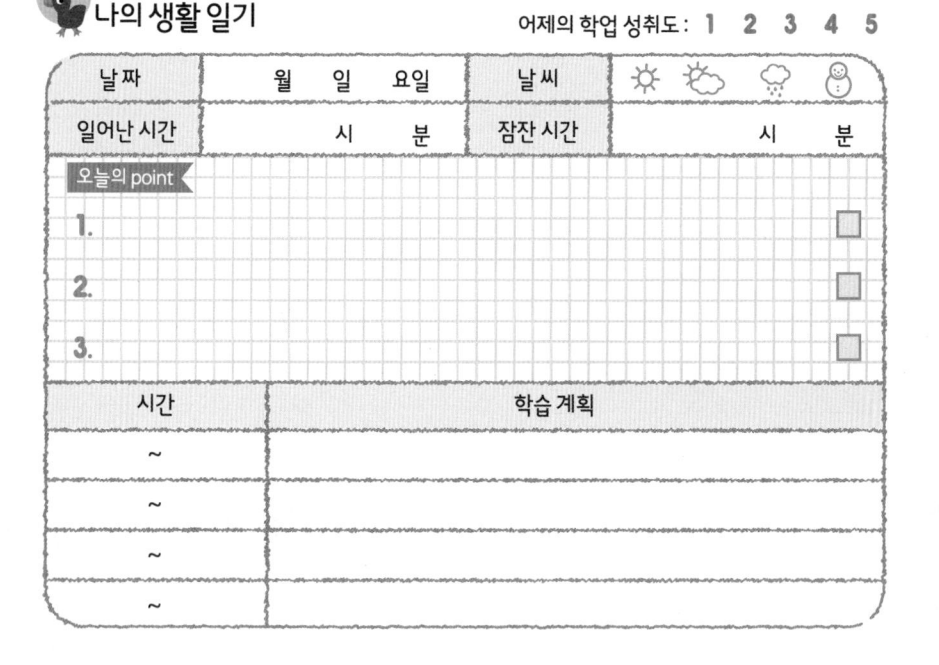

나의 생활 일기

어제의 학업 성취도 : **1 2 3 4 5**

날짜	월 일 요일	날씨	☼ ☁ ☂ ☃
일어난 시간	시 분	잠잔 시간	시 분

오늘의 point

1. ☐

2. ☐

3. ☐

시간	학습 계획
~	
~	
~	
~	

13 진분수 ÷ 자연수

Mon	월	일
⏱	분	초

나눗셈를 곱셈으로 고치면 분자와 분모의 자리가 바뀝니다.

$\frac{6}{7} \div 3$을 곱셈으로 고쳐서 몫을 구하려면

나누어지는 수 $\frac{6}{7}$은 그대로 있고,

나누는 수 3은 $\frac{3}{1}$과 같으므로 분자와 분모의

자리를 뒤집어서 $\frac{1}{3}$로 곱하여 계산합니다.

> 그대로 옮깁니다.
>
> $$\frac{6}{7} \div 3 = \frac{\overset{2}{\cancel{6}}}{7} \times \frac{1}{\underset{1}{\cancel{3}}} = \frac{2}{7}$$
>
> 분모 ➡ 분자
> 분자 ➡ 분모 로 뒤집고 약분, 대분수로 바꿉니다.

아래 나눗셈의 몫을 분수로 나타내세요.

(가분수는 대분수로 고치고, 약분이 가능한 분수는 꼭 약분하세요.)

1 $\frac{1}{4} \div 2 =$

5 $\frac{3}{4} \div 12 =$

2 $\frac{3}{5} \div 6 =$

6 $\frac{4}{5} \div 16 =$

3 $\frac{8}{9} \div 4 =$

7 $\frac{18}{25} \div 21 =$

4 $\frac{10}{13} \div 15 =$

8 $\frac{12}{45} \div 36 =$

14 문제 중 ◯ 문제 맞았어!

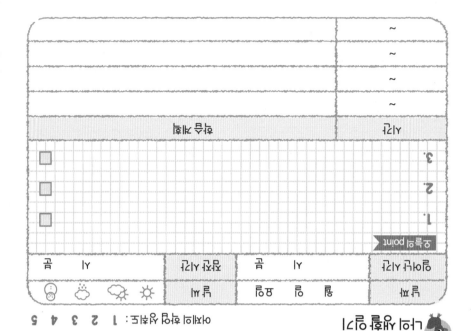

나의 생활 일기

오늘의 하루 만족도 : 1 2 3 4 5

날짜	월	일	요일	날씨	☀ ⛅ ☁ ☂
일어난 시간	시	분	잠든 시간	시	분

▶ 오늘의 point

1. ☐

2. ☐

3. ☐

시간	하루 계획
~	
~	
~	
~	

9 $\dfrac{3}{4} \div 24 =$

10 $\dfrac{4}{5} \div 18 =$

11 $\dfrac{8}{9} \div 24 =$

12 $\dfrac{28}{33} \div 16 =$

13 $\dfrac{35}{49} \div 21 =$

14 $\dfrac{56}{63} \div 16 =$

14 가분수÷자연수

소리내 읽기

나눗셈를 곱셈으로 고치면 분자와 분모의 자리가 바뀝니다.

$\frac{6}{5} \div 3$을 곱셈으로 묶을 구하려면,

나누어 지는 수 $\frac{6}{5}$은 그대로 있고,

나누는 수 3은 $\frac{3}{1}$과 같으므로 분자와 분모의

자리를 바꾼 $\frac{1}{3}$을 곱하여 계산합니다.

그대로 옮깁니다.

$$\frac{6}{5} \div 3 = \frac{\overset{2}{6}}{5} \times \frac{1}{\underset{1}{3}} = \frac{2}{5}$$

분모 ➡ 분자
분자 ➡ 분모 로 바꾸고 약분, 대분수로 바꿉니다.

소리내 풀기

아래 나눗셈의 몫을 분수로 나타내세요.
(가분수는 대분수로 고치고, 약분이 가능한 분수는 꼭 약분하세요.)

1 $\frac{5}{4} \div 5 =$

5 $\frac{7}{4} \div 14 =$

2 $\frac{9}{5} \div 3 =$

6 $\frac{9}{5} \div 12 =$

3 $\frac{16}{9} \div 4 =$

7 $\frac{27}{25} \div 18 =$

4 $\frac{15}{13} \div 5 =$

8 $\frac{48}{45} \div 24 =$

14 문제 중 ⃝ 문제 맞았어!

9 $\dfrac{18}{5} \div 27 =$

12 $\dfrac{35}{12} \div 30 =$

10 $\dfrac{25}{6} \div 45 =$

13 $\dfrac{32}{21} \div 16 =$

11 $\dfrac{12}{7} \div 32 =$

14 $\dfrac{48}{31} \div 18 =$

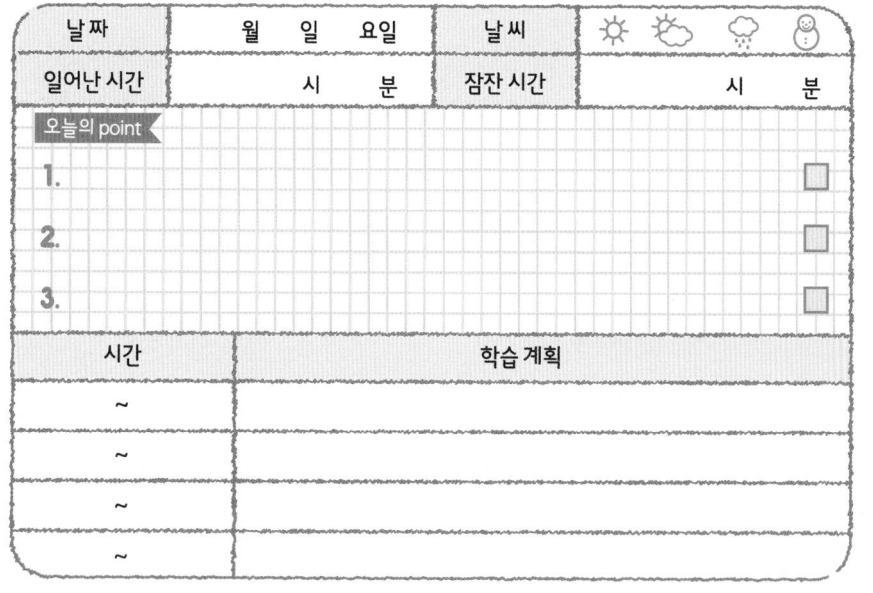

나의 생활 일기

어제의 학업 성취도 : 1 2 3 4 5

날짜	월 일 요일	날씨	☀ ⛅ 🌧 ⛄
일어난 시간	시 분	잠잔 시간	시 분

오늘의 point

1. ☐

2. ☐

3. ☐

시간	학습 계획
~	
~	
~	
~	

15 분수÷자연수(연습)

아래 나눗셈의 몫을 분수로 나타내세요.
(가분수는 대분수로 고치고, 약분이 가능한 분수는 꼭 약분하세요.)

1 $\dfrac{5}{6} \div 10 =$

7 $\dfrac{7}{6} \div 21 =$

2 $\dfrac{3}{8} \div 9 =$

8 $\dfrac{13}{8} \div 39 =$

3 $\dfrac{7}{10} \div 14 =$

9 $\dfrac{21}{10} \div 14 =$

4 $\dfrac{5}{18} \div 15 =$

10 $\dfrac{25}{18} \div 50 =$

5 $\dfrac{9}{25} \div 27 =$

11 $\dfrac{33}{25} \div 11 =$

6 $\dfrac{21}{50} \div 18 =$

12 $\dfrac{36}{25} \div 18 =$

18문제 중 ⬭ 문제 맞혔어!

13 $\dfrac{3}{8} \div 27 =$

16 $\dfrac{64}{15} \div 24 =$

14 $\dfrac{7}{9} \div 14 =$

17 $\dfrac{28}{27} \div 21 =$

15 $\dfrac{5}{6} \div 35 =$

18 $\dfrac{7}{10} \div 21 =$

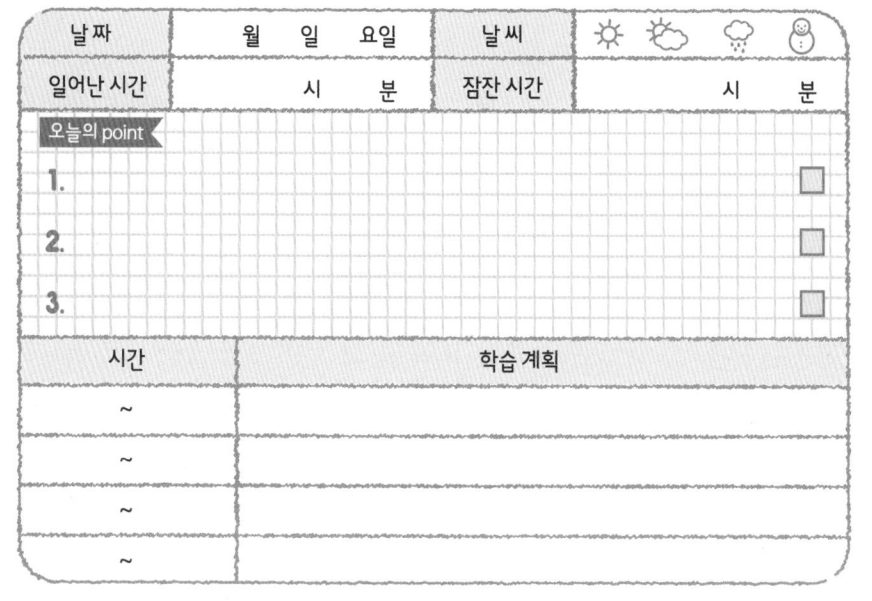

 나의 생활 일기

어제의 학업 성취도 : **1   2   3   4   5**

날짜	월 일 요일	날씨	☀ ⛅ ☁ ☃
일어난 시간	시 분	잠잔 시간	시 분

오늘의 point

1. ☐
2. ☐
3. ☐

시간	학습 계획
~	
~	
~	
~	

16 대분수÷자연수

대분수는 가분수로 고쳐서 곱셈으로 바꿔 계산합니다.

$1\frac{1}{5} \div 3$을 곱셈으로 몫을 구하려면,

$1\frac{1}{5}$을 가분수인 $\frac{6}{5}$으로 고쳐서 계산합니다.

계산은 수를 간단히 하는 과정입니다.
수를 더 간단히 할 수 있는 대분수와 약분이 있으므로
이것을 안하면 틀린 답이 됩니다.

그대로 옵니다.

$$1\frac{1}{5} \div 3 = \frac{6}{5} \div 3 = \frac{\overset{2}{\cancel{6}}}{5} \times \frac{1}{\underset{1}{\cancel{3}}} = \frac{2}{5}$$

대분수 → 가분수 고쳐줍니다. 분모 → 분자 분자 → 분모 로 뒤집고 계산

아래 나눗셈의 몫을 분수로 나타내세요.
(가분수는 대분수로 고치고, 약분이 가능한 분수는 꼭 약분하세요.)

1 $1\frac{1}{4} \div 5 =$

5 $3\frac{2}{4} \div 14 =$

2 $2\frac{2}{5} \div 3 =$

6 $9\frac{3}{5} \div 12 =$

3 $2\frac{2}{9} \div 4 =$

7 $2\frac{4}{25} \div 18 =$

4 $1\frac{2}{13} \div 5 =$

8 $1\frac{3}{45} \div 24 =$

나의 생활 읽기

오늘의 하루 상황도 : 1 2 3 4 5

날짜		월 일 요일	날씨	☀ ☁ ☂ ☃
일어난 시간	시 분	잠잔 시간	시	분

> 오늘의 point

1.
2.
3.

시간	하루 계획
~	
~	
~	
~	

9 $3\frac{1}{8} \div 25 =$

10 $2\frac{4}{5} \div 21 =$

11 $4\frac{4}{9} \div 24 =$

12 $2\frac{1}{12} \div 30 =$

13 $3\frac{6}{19} \div 36 =$

14 $2\frac{7}{21} \div 21 =$

17 자연수÷대분수

대분수는 가분수로 고쳐서 곱셈으로 바꿔 계산합니다.

$3 \div 1\frac{1}{5}$을 곱셈으로 몫을 구하려면,

$1\frac{1}{5}$을 가분수인 $\frac{6}{5}$으로 고쳐서 계산합니다.

계산은 수를 간단히 하는 과정입니다.
수를 더 간단히 할 수 있는 대분수와 약분이 있으므로
이것을 안하면 틀린 답이 됩니다.

그대로 옮니다.

$$3 \div 1\frac{1}{5} = 3 \div \frac{6}{5} = \overset{1}{\cancel{3}} \times \frac{5}{\underset{2}{\cancel{6}}} = \frac{5}{2} = 2\frac{1}{2}$$

대분수 ➔ 가분수로 고쳐줍니다. 분모 ➔ 분자 분자 ➔ 분모로 뒤집고 계산

아래 나눗셈의 몫을 분수로 나타내세요.
(가분수는 대분수로 고치고, 약분이 가능한 분수는 꼭 약분하세요.)

1 $5 \div 1\frac{1}{4} =$

2 $3 \div 2\frac{2}{5} =$

3 $4 \div 2\frac{2}{9} =$

4 $5 \div 1\frac{2}{13} =$

5 $14 \div 3\frac{2}{4} =$

6 $12 \div 9\frac{3}{5} =$

7 $18 \div 2\frac{4}{25} =$

8 $24 \div 1\frac{3}{45} =$

14문제중 ○ 문제맞았어!

9 $15 \div 3\dfrac{3}{14} =$

12 $35 \div 6\dfrac{1}{4} =$

10 $49 \div 2\dfrac{6}{11} =$

13 $11 \div 4\dfrac{21}{25} =$

11 $36 \div 4\dfrac{2}{13} =$

14 $18 \div 1\dfrac{7}{20} =$

나의 생활 일기

어제의 학업 성취도 : **1** **2** **3** **4** **5**

날짜	월 일 요일	날씨	☀ ☁ ☂ ⛄
일어난 시간	시 분	잠잔 시간	시 분

오늘의 point ◀

1. ☐

2. ☐

3. ☐

시간	학습 계획
~	
~	
~	
~	

소리내
풀기

아래 나눗셈의 몫을 분수로 나타내세요.
(가분수는 대분수로 고치고, 약분이 가능한 분수는 꼭 약분하세요.)

1 $1\dfrac{1}{3} \div 8 =$

7 $14 \div 2\dfrac{1}{3} =$

2 $2\dfrac{2}{6} \div 7 =$

8 $10 \div 4\dfrac{1}{6} =$

3 $2\dfrac{5}{8} \div 15 =$

9 $18 \div 1\dfrac{1}{8} =$

4 $2\dfrac{1}{12} \div 10 =$

10 $15 \div 2\dfrac{1}{12} =$

5 $1\dfrac{1}{15} \div 24 =$

11 $28 \div 3\dfrac{4}{15} =$

6 $1\dfrac{7}{20} \div 18 =$

12 $49 \div 2\dfrac{9}{20} =$

🚗 **18**문제 중 ⭕ 문제 맞았어!

13 $6\dfrac{2}{11} \div 48 =$

16 $26 \div 5\dfrac{18}{25} =$

14 $4\dfrac{5}{16} \div 27 =$

17 $45 \div 3\dfrac{7}{31} =$

15 $5\dfrac{4}{9} \div 35 =$

18 $28 \div 2\dfrac{10}{23} =$

나의 생활 일기

어제의 학업 성취도 : **1 2 3 4 5**

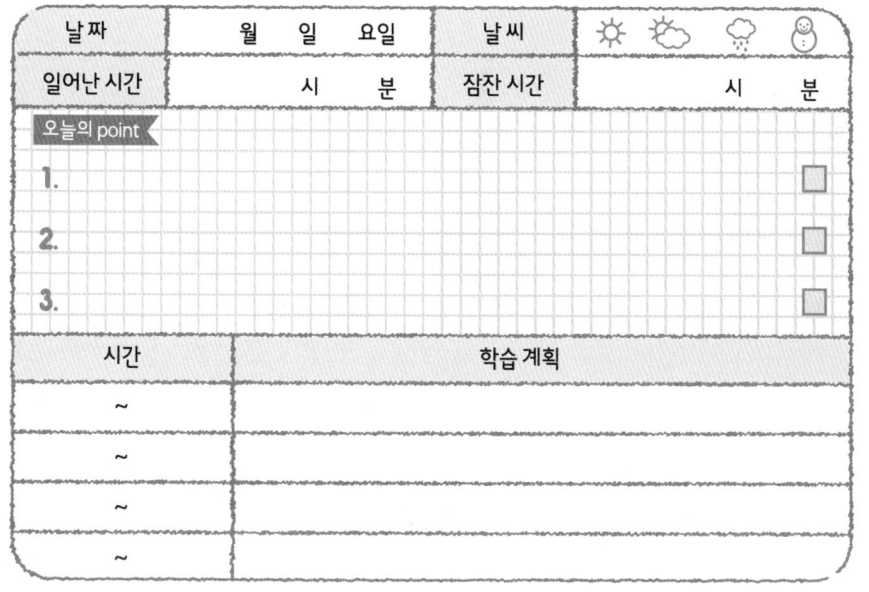

날짜	월 일 요일	날씨	☀ ☁ 🌧 ⛄
일어난 시간	시 분	잠잔 시간	시 분

오늘의 point ◀

1.   ☐

2.   ☐

3.   ☐

시간	학습 계획
~	
~	
~	
~	

19 분수와 자연수의 혼합계산⑴

소리내
읽기

분수 × 자연수 ÷ 자연수의 계산

방법1) 앞에서부터 두 수씩 차례로 계산

$$\frac{3}{5} \times 4 \div 9 = \frac{3 \times 4}{5} \div 9 = \frac{12}{5} \times \frac{1}{9} = \frac{4}{15}$$

앞의 두수를 먼저
계산합니다.

분모→분자
분자→분모 로 뒤집고 계산

방법2) 곱셈식으로 고친 후 한꺼번에 계산

$$\frac{3}{5} \times 4 \div 9 = \frac{3}{5} \times 4 \times \frac{1}{9} = \frac{3 \times 4 \times 1}{5 \times 9} = \frac{4}{15}$$

나눗셈을 곱셈으로 고쳐서 바로 약분해서
계산합니다.

소리내
풀기

아래 문제를 2번째 방법으로 풀고, 몫을 분수로 나타내세요.
(가분수는 대분수로 고치고, 약분이 가능한 분수는 꼭 약분하세요.)

1 $\dfrac{3}{4} \times 8 \div 9 =$

5 $\dfrac{1}{2} \times 4 \div 6 =$

2 $\dfrac{4}{5} \times 4 \div 8 =$

6 $\dfrac{2}{9} \times 3 \div 6 =$

3 $\dfrac{7}{9} \times 3 \div 21 =$

7 $\dfrac{1}{2} \times 8 \div 17 =$

4 $\dfrac{5}{8} \times 4 \div 15 =$

8 $\dfrac{2}{3} \times 9 \div 24 =$

14문제중 ◯문제맞았기!

나의 생활 일기

아빠의 하루 행복도: 1 2 3 4 5

날짜		월 일 요일	날씨	☀ ⛈ ☁ ☺
일어난 시간	시 분	잠잔 시간	시	분

오늘의 point

1. □
2. □
3. □

시간	하루 계획
~	
~	
~	
~	

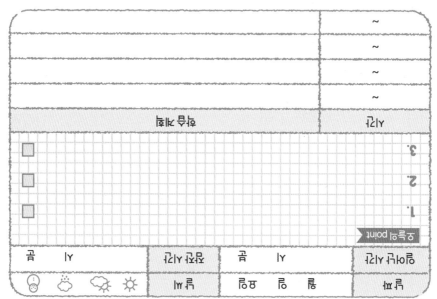

9 $\dfrac{3}{12} \times 4 \div 9 =$

10 $\dfrac{2}{15} \times 10 \div 9 =$

11 $\dfrac{5}{21} \times 14 \div 15 =$

12 $\dfrac{16}{25} \times 15 \div 8 =$

13 $\dfrac{1}{30} \times 25 \div 4 =$

14 $\dfrac{3}{48} \times 36 \div 18 =$

2O 분수와 자연수의 혼합계산(2)

분수 ÷ 자연수 ÷ 자연수의 계산

방법1) 앞에서부터 두수씩 차례로 계산

$$\frac{3}{5} \div 4 \div 9 = \frac{3}{5 \times 4} \div 9 = \frac{\overset{1}{3}}{20} \times \frac{1}{\underset{3}{9}} = \frac{1}{60}$$

÷4를 곱하기로 바꾸어
두수를 먼저 계산합니다.

÷9를 곱하기로 바꾸어
계산합니다.

방법2) 곱셈식으로 고친후 한꺼번에 계산

$$\frac{3}{5} \div 4 \div 9 = \frac{\overset{1}{3}}{5} \times \frac{1}{4} \times \frac{1}{\underset{3}{9}} = \frac{1}{60}$$

나눗셈을 곱셈으로 고치고 바로 약분해서
계산합니다.

아래 나눗셈을 2번째 방법으로 풀고, 몫을 분수로 나타내세요.

1 $\dfrac{3}{4} \div 2 \div 9 =$

5 $\dfrac{3}{6} \div 4 \div 6 =$

2 $\dfrac{4}{5} \div 3 \div 2 =$

6 $\dfrac{2}{3} \div 3 \div 6 =$

3 $\dfrac{7}{9} \div 3 \div 21 =$

7 $\dfrac{5}{8} \div 8 \div 5 =$

4 $\dfrac{5}{8} \div 4 \div 15 =$

8 $\dfrac{9}{10} \div 3 \div 6 =$

14문제중 ◯문제 맞았어!

9 $\dfrac{12}{13} \div 4 \div 3 =$

12 $\dfrac{16}{25} \div 12 \div 2 =$

10 $\dfrac{14}{15} \div 7 \div 4 =$

13 $\dfrac{27}{40} \div 15 \div 6 =$

11 $\dfrac{15}{20} \div 10 \div 15 =$

14 $\dfrac{25}{48} \div 5 \div 10 =$

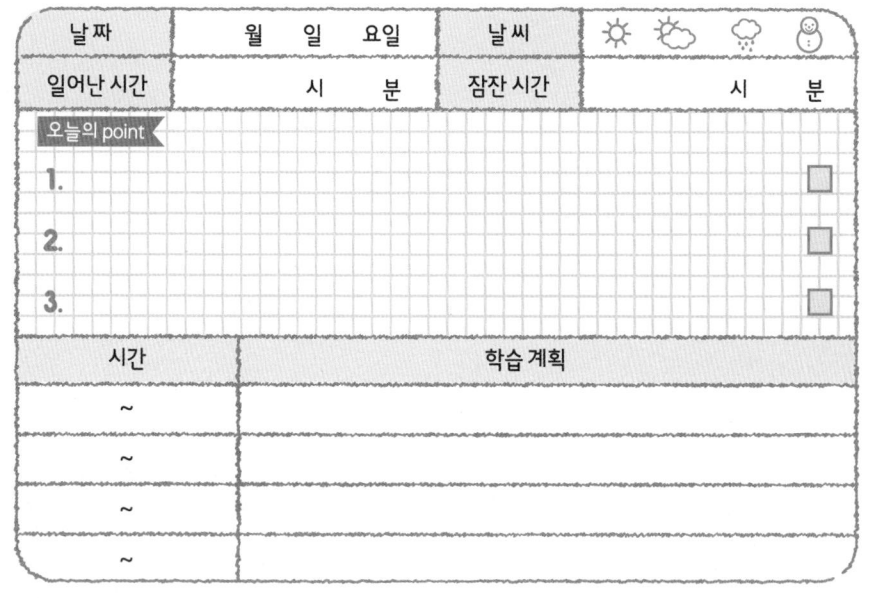

나의 생활 일기

어제의 학업 성취도 : **1 2 3 4 5**

날짜	월 일 요일	날씨	☀ ⛅ 🌧 ⛄
일어난 시간	시 분	잠잔 시간	시 분

오늘의 point

1. ☐

2. ☐

3. ☐

시간	학습 계획
~	
~	
~	
~	

21 선대칭도형

한 직선으로 접었을때 완전히 접히는 도형을 선대칭도형이라고 합니다.

이때 완전히 겹치게 하는 직선을
대칭축이라 하고,
겹치는 변과 각은 항상 길이와
크기가 같습니다.

변 ⅠＩ, ⅡＩ, ⅢＩ 는 각각 길이가 같습니다.
각 ◖, △ 는 각각 각도가 같습니다.

대칭축

아래 선대칭도형을 보고, ☐안에 알맞은 수를 써 넣으세요.

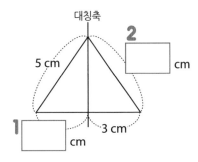

대칭축

2 ☐ cm

5 cm

1 ☐ cm 3 cm

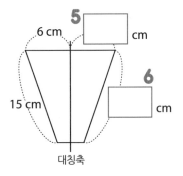

5 ☐ cm

6 cm

15 cm

6 ☐ cm

대칭축

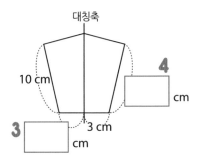

대칭축

4 ☐ cm

10 cm

3 ☐ cm 3 cm

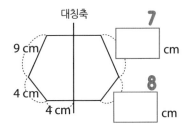

대칭축

9 cm

7 ☐ cm

4 cm

4 cm

8 ☐ cm

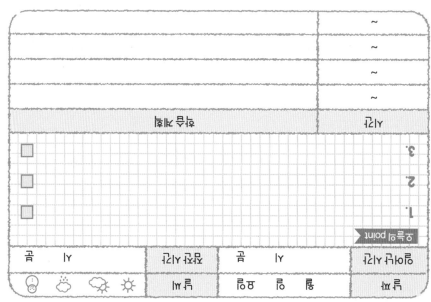

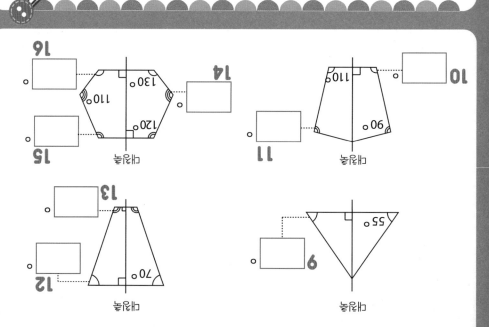

22 점대칭도형

소리내
읽기

어떤 점을 중심으로 180°돌려서 완전히 겹치는 도형을 점대칭도형이라고 합니다.

옆의 도형은 어떤 점을 중심으로 돌려 만들었습니다. 이때 돌린 점을 대칭의 중심이라 하고, 마주 보는 변과 각은 항상 길이과 크기가 같습니다.

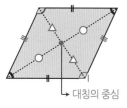

변 ‖, ‖ 는 각각 길이가 같습니다.

각 ◐, △ 는 각각 각도가 같습니다.

연결선 ○, △ 는 각각 길이가 같습니다.

→ 대칭의 중심

소리내
풀기

아래 선대칭도형을 보고, ☐ 안에 알맞은 수를 써 넣으세요.

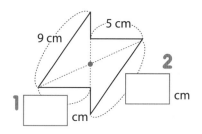

9 cm
5 cm
2
cm
1
cm

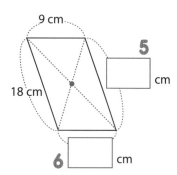

9 cm
5
cm
18 cm
6
cm

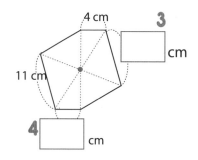

4 cm
3
cm
11 cm
4
cm

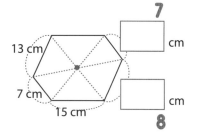

13 cm
7
cm
7 cm
7 cm
15 cm
8
cm

16 문제중 ◯ 문제 맞혔기!

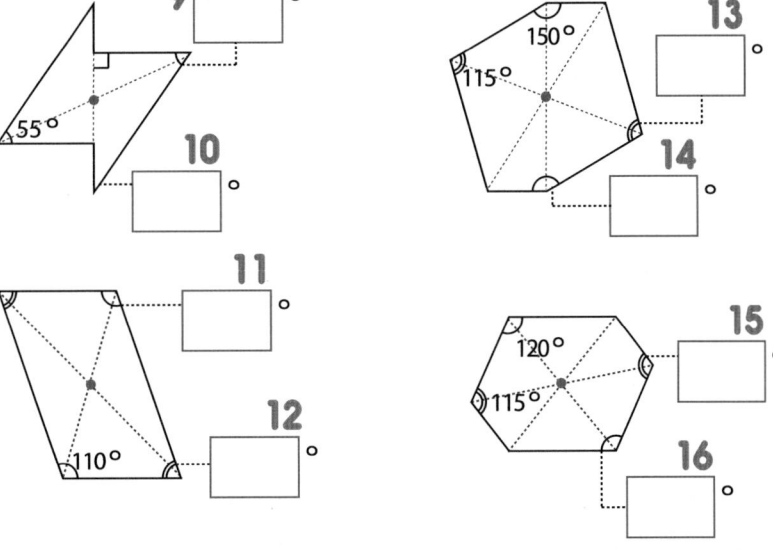

9 ☐ °

10 ☐ °

11 ☐ °

12 ☐ °

55°

13 ☐ °

150°

115°

14 ☐ °

15 ☐ °

120°

115°

16 ☐ °

110°

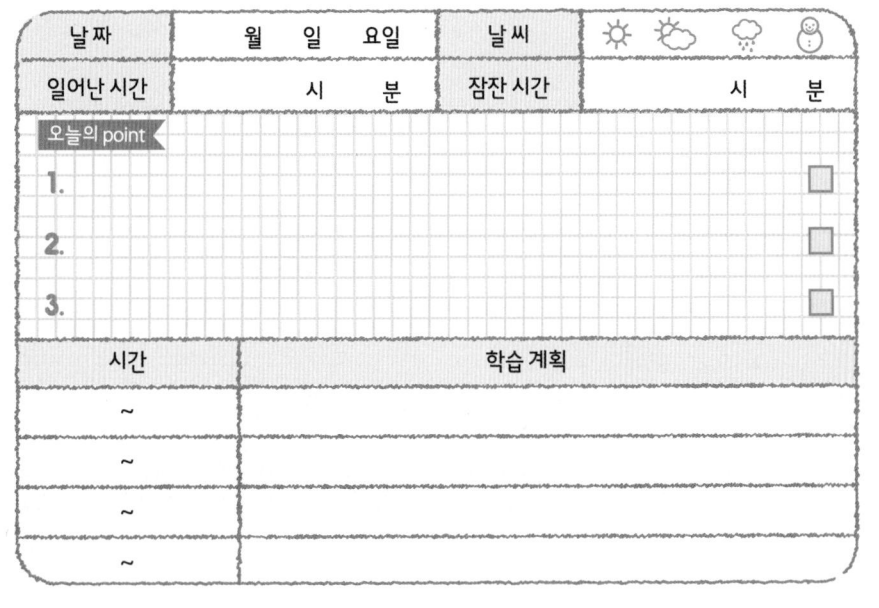

나의 생활 일기

어제의 학업 성취도 : 1 2 3 4 5

날짜	월 일 요일	날씨	☼ ☁ ☂ ☃
일어난 시간	시 분	잠잔 시간	시 분

오늘의 point

1. ☐

2. ☐

3. ☐

시간	학습 계획
~	
~	
~	
~	

23 소수 × 자연수

소수 × 자연수 의 계산

방법1) 소수를 분수로 고쳐서 계산하기

$$0.4 \times 8 = \frac{4}{10} \times 8 = \frac{32}{10} = 3.2$$

소수를 분수로 고쳐줍니다.

소수는 분모가 10,100,1000...인 수 이므로 약분을 하지 않고 나타냅니다.

방법2) 자연수의 곱을 먼저하고 소수점찍기

$4 \times 8 = 32$ $\qquad$ $0.4 \times 8 = 3.2$

$$\begin{array}{r} 4 \\ \times\ 8 \\ \hline 3\,2 \end{array}$$ ← 1이 32개

$$\begin{array}{r} 0.4 \\ \times\ 8 \\ \hline 3.2 \end{array}$$ ← 0.1이 4개 ← 0.1이 32개

☐ 알맞은 수를 적고, 다른 문제는 분수로 고쳐 소수로 답을 적으세요.

1 $0.6 \times 3 = \boxed{} + \boxed{} + \boxed{} = \boxed{}$

2 $0.6 \times 3 = \dfrac{\boxed{}}{\boxed{}} \times 3 = \dfrac{\boxed{}}{\boxed{}} = \boxed{}$

3 $6 \times 3 = \boxed{}$, $0.6 \times 3 = \boxed{}$

4 $0.5 \times 7 =$

7 $0.7 \times 6 =$

5 $0.9 \times 8 =$

8 $0.2 \times 9 =$

6 $0.3 \times 4 =$

9 $0.4 \times 8 =$

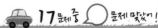

17 문제 중 ⌣ 문제 맞았어!

10 $0.9 \times 5 =$

14 $0.7 \times 2 =$

11 $0.4 \times 7 =$

15 $0.8 \times 4 =$

12 $0.6 \times 8 =$

16 $0.5 \times 5 =$

13 $0.3 \times 6 =$

17 $0.9 \times 6 =$

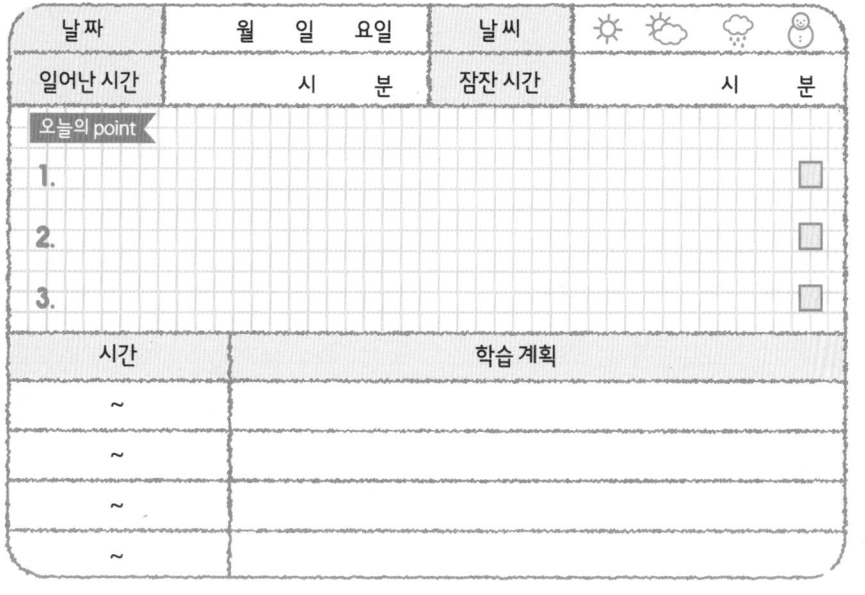

나의 생활 일기

어제의 학업 성취도 : 1 2 3 4 5

날짜	월 일 요일	날씨	☀ ☁ ☂ ⛄
일어난 시간	시 분	잠잔 시간	시 분

오늘의 point

1. ☐
2. ☐
3. ☐

시간	학습 계획
~	
~	
~	
~	

자연수 × 소수 의 계산

방법1) 소수를 분수로 고쳐서 계산하기

$$4 \times 0.08 = 4 \times \frac{8}{100} = \frac{32}{100} = 0.32$$

소수를 분수로 고쳐줍니다.

소수는 분모가 10, 100, 1000...인 수이므로 약분을 하지 않고 나타냅니다.

방법2) 세로셈으로 계산하기

$4 \times 8 = 32$

$$\begin{array}{r} 4 \\ \times\ 8 \\ \hline 3\ 2 \end{array}$$ ← 1이 32개

$4 \times 0.08 = 0.32$

$$\begin{array}{r} 4 \\ \times\ 0.08 \\ \hline 0.32 \end{array}$$ ← 소수 2자리수
← 소수 2자리수

□ 에는 알맞은 수를 적고, 다른 문제는 분수로 고쳐 소수로 답을 적으세요.

1 $4 \times 0.06 =$ □ $+$ □ $+$ □ $+$ □ $=$ □

2 $4 \times 0.06 = 4 \times \dfrac{\boxed{}}{\boxed{}} = \dfrac{\boxed{}}{\boxed{}} =$ □

3 $4 \times 6 =$ □ , $4 \times 0.06 =$ □

4 $5 \times 0.7 =$

7 $7 \times 0.04 =$

5 $9 \times 0.8 =$

8 $6 \times 0.03 =$

6 $8 \times 0.6 =$

9 $4 \times 0.09 =$

17문제 중 □문제 맞았기!

10 $5 \times 0.9 =$

14 $2 \times 0.07 =$

11 $7 \times 0.4 =$

15 $4 \times 0.08 =$

12 $8 \times 0.6 =$

16 $5 \times 0.05 =$

13 $6 \times 0.3 =$

17 $6 \times 0.09 =$

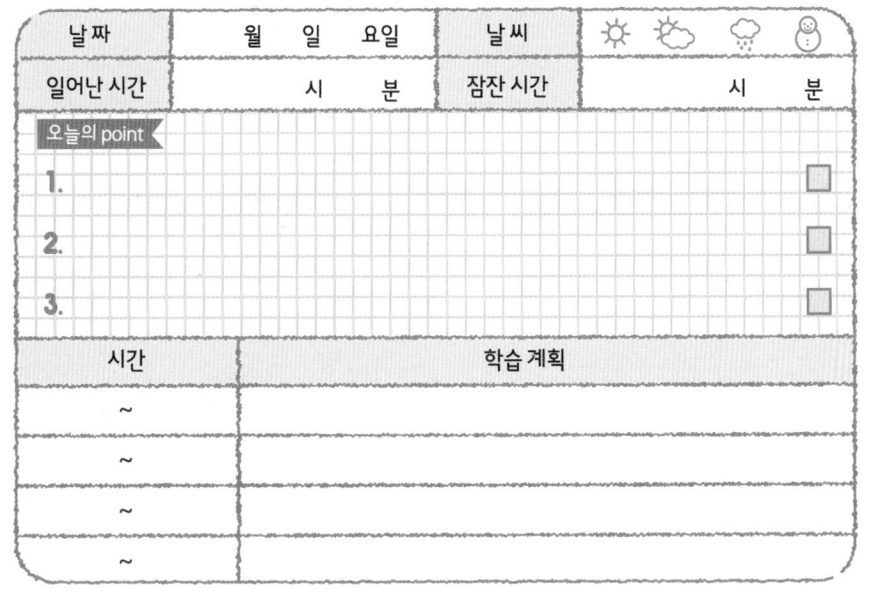

나의 생활 일기

어제의 학업 성취도: **1 2 3 4 5**

날짜	월 일 요일	날씨	☀ ☁ ☂ ⛄
일어난 시간	시 분	잠잔 시간	시 분

오늘의 point

1. ☐
2. ☐
3. ☐

시간	학습 계획
~	
~	
~	
~	

소수를 분수로 고쳐 계산하고, 답은 소수로 적으세요.

소리내 풀기

1 $0.3 \times 2 =$

2 $0.5 \times 7 =$

3 $0.8 \times 3 =$

4 $0.7 \times 8 =$

5 $0.4 \times 6 =$

6 $0.2 \times 9 =$

7 $0.7 \times 4 =$

8 $7 \times 0.06 =$

9 $8 \times 0.08 =$

10 $3 \times 0.05 =$

11 $6 \times 0.04 =$

12 $4 \times 0.03 =$

13 $5 \times 0.05 =$

14 $9 \times 0.07 =$

22 문제 중 ◯ 문제 맞았어!

15 $0.2 \times 5 =$

16 $0.9 \times 7 =$

17 $0.7 \times 8 =$

18 $0.3 \times 6 =$

19 $0.03 \times 2 =$

20 $0.07 \times 4 =$

21 $0.08 \times 5 =$

22 $0.06 \times 6 =$

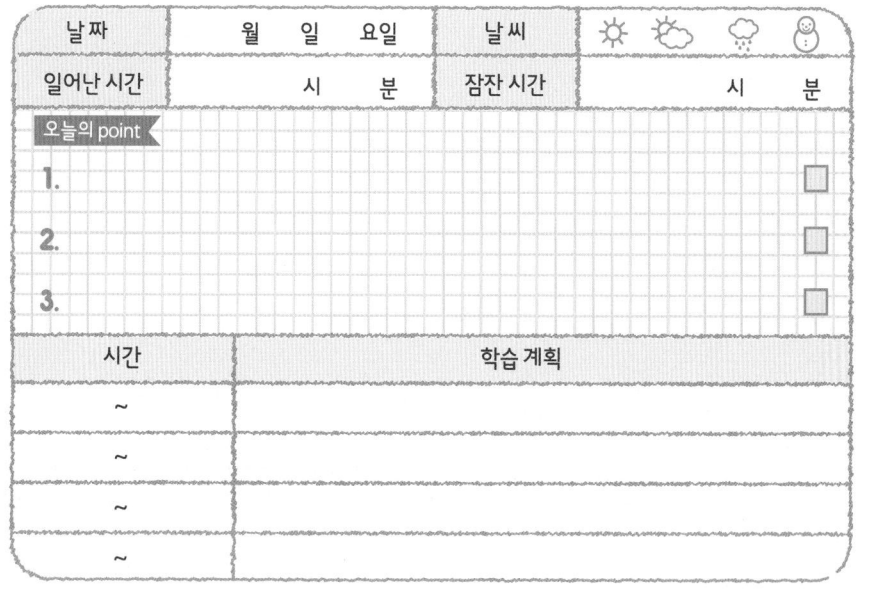

나의 생활 일기

어제의 학업 성취도 : 1 2 3 4 5

날짜	월 일 요일	날씨	☀ ⛅ ☁ ⛄
일어난 시간	시 분	잠잔 시간	시 분

오늘의 point

1. ☐

2. ☐

3. ☐

시간	학습 계획
~	
~	
~	
~	

26 소수점의 위치

소수 × 자연수에서의 소수점

소수와 자연수의 곱에서 소수점의 위치는 소수의 자릿수와 같습니다.

$0.4 \times 8 = 3.2$	
$0.04 \times 8 = 0.32$	
$0.004 \times 8 = 0.032$	

$$\begin{array}{r} 4 \\ \times\ 8 \\ \hline 32 \end{array} \qquad \begin{array}{r} 0.4 \\ \times\ 8 \\ \hline 3.2 \end{array} \qquad \begin{array}{r} 0.04 \\ \times\ 8 \\ \hline 0.32 \end{array} \qquad \begin{array}{r} 0.004 \\ \times\ 8 \\ \hline 0.032 \end{array}$$

소수 한자리 × 자연수
= 소수 한자리

소수의 세자리 × 자연수
= 소수 세자리

아래를 자연수의 곱셈에서 소수점을 이동하는 방법으로 풀어보세요.

1 $12 \times 0.3 = 12 \times \dfrac{\boxed{}}{\boxed{}} = \dfrac{\boxed{}}{\boxed{}} = \boxed{}$

2 $12 \times 0.03 = 12 \times \dfrac{\boxed{}}{\boxed{}} = \dfrac{\boxed{}}{\boxed{}} = \boxed{}$

3 $12 \times 0.003 = 12 \times \dfrac{\boxed{}}{\boxed{}} = \dfrac{\boxed{}}{\boxed{}} = \boxed{}$

4 $6 \times 2 =$

$6 \times 0.2 =$

$6 \times 0.02 =$

$6 \times 0.002 =$

5 $21 \times 4 =$

$21 \times 0.4 =$

$21 \times 0.04 =$

$21 \times 0.004 =$

9문제 중 ◯문제 맞았어!

6 $8 \times 7 =$

$8 \times 0.7 =$

$8 \times 0.07 =$

8 $32 \times 3 =$

$0.32 \times 3 =$

$0.032 \times 3 =$

7 $9 \times 5 =$

$9 \times 0.5 =$

$9 \times 0.05 =$

9 $41 \times 5 =$

$0.41 \times 5 =$

$0.041 \times 5 =$

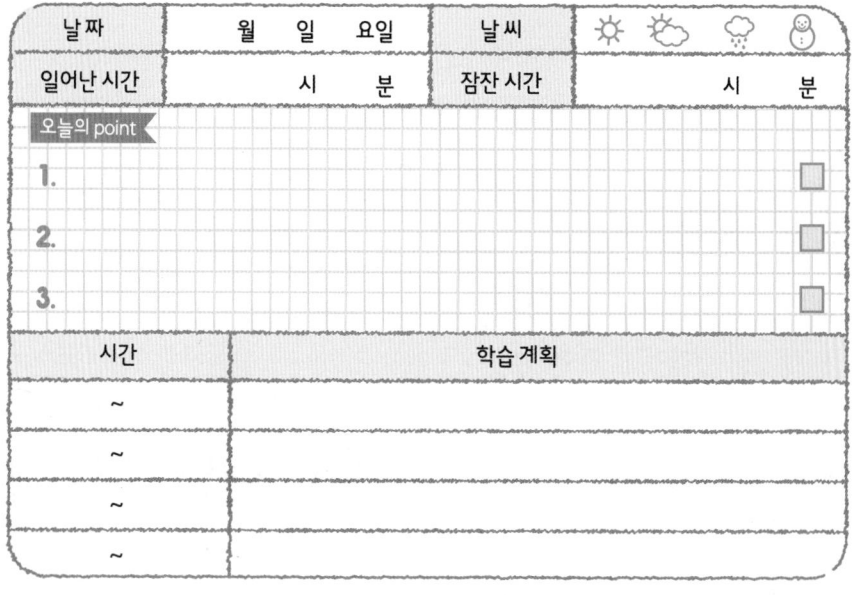

나의 생활 일기

어제의 학업 성취도 : 1　2　3　4　5

날짜	월　일　요일	날씨	☀ ⛅ ☁ ☃
일어난 시간	시　분	잠잔 시간	시　분

오늘의 point

1. ☐

2. ☐

3. ☐

시간	학습 계획
~	
~	
~	
~	

27 소수 × 10,100,1000

소리내
읽기

소수 × 10을 하면 소수의 소수점이 오른쪽으로 한자리 옮겨집니다.

소수를 10,100,1000배씩 할 때마다
소수점은 오른쪽으로 한자리씩 옮겨져
10배씩 커집니다.
곱하는 수의 0의 개수만큼 소수점을
오른쪽으로 옮겨줍니다.

$4.32 \times 10 = 43.2$ ← 0이 1개 오른쪽 1칸 이동

$4.32 \times 100 = 432.$ ← 0이 2개 오른쪽 2칸 이동

$4.32 \times 1000 = 4320$ ← 0이 3개 오른쪽 3칸 이동

소리내
풀기

아래를 계산해 보세요.

1 $5.16 \times 10 = \dfrac{}{} \times 10 = \dfrac{}{} = \boxed{}$

2 $5.16 \times 100 = \dfrac{}{} \times 100 = \dfrac{}{} = \boxed{}$

3 $5.16 \times 1000 = \dfrac{}{} \times 1000 = \dfrac{}{} = \boxed{}$

4 $9.5 \times 1 =$

$9.5 \times 10 =$

$9.5 \times 100 =$

$9.5 \times 1000 =$

5 $2.34 \times 1 =$

$2.34 \times 10 =$

$2.34 \times 100 =$

$2.34 \times 1000 =$

9문제 중 ⬭ 문제 맞았기!

6 $6.1 \times 10 =$

$6.1 \times 100 =$

$6.1 \times 1000 =$

8 $10 \times 1.4 =$

$100 \times 1.4 =$

$1000 \times 1.4 =$

7 $5.03 \times 10 =$

$5.03 \times 100 =$

$5.03 \times 1000 =$

9 $10 \times 3.78 =$

$100 \times 3.78 =$

$1000 \times 3.78 =$

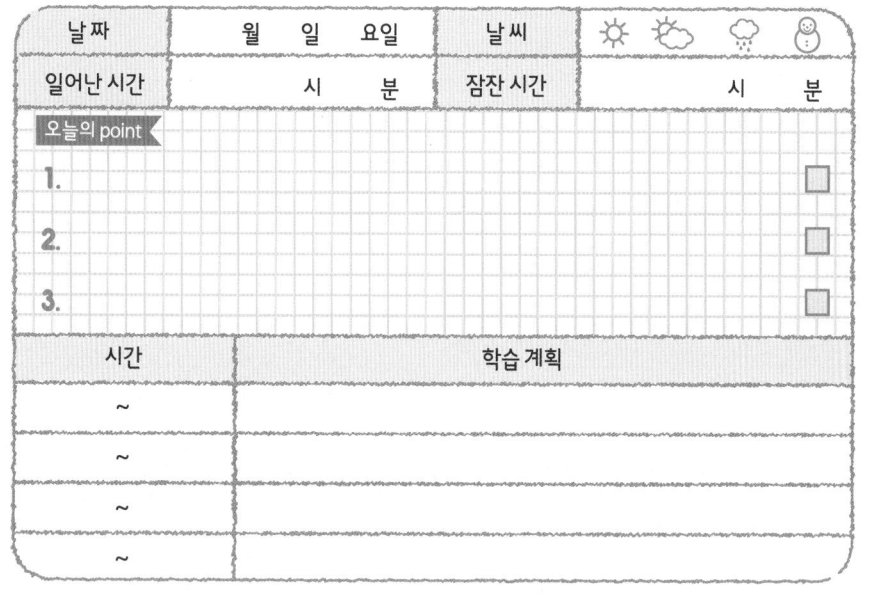

나의 생활 일기

어제의 학업 성취도 : 1 2 3 4 5

날짜	월 일 요일	날씨	☼ ☁ ☂ ⛄
일어난 시간	시 분	잠잔 시간	시 분

오늘의 point

1. ☐

2. ☐

3. ☐

시간	학습 계획
~	
~	
~	
~	

28 소수 × 0.1, 0.01, 0.001

소리내 읽기

소수 × 0.1을 하면 소수의 소수점이 왼쪽으로 1자리 옮겨집니다.

소수를 0.1, 0.01, 0.01배씩 할때마다
소수점은 왼쪽으로 한자리씩 옮겨져
10배씩 작아집니다.
곱하는 수의 소수점 아래 자릿수만큼
소수점을 왼쪽으로 옮겨줍니다.

$$432 \times 0.1 = 43.2 \leftarrow \text{왼쪽 1칸이동}$$
$$432 \times 0.01 = 4.32 \leftarrow \text{왼쪽 2칸이동}$$
$$432 \times 0.001 = 0.432 \leftarrow \text{왼쪽 3칸이동}$$

소리내 풀기

아래를 계산해 보세요.

1 $516 \times 0.1 = 516 \times \dfrac{\boxed{}}{\boxed{}} = \dfrac{\boxed{}}{\boxed{}} = \boxed{}$

2 $516 \times 0.01 = 516 \times \dfrac{\boxed{}}{\boxed{}} = \dfrac{\boxed{}}{\boxed{}} = \boxed{}$

3 $516 \times 0.001 = 516 \times \dfrac{\boxed{}}{\boxed{}} = \dfrac{\boxed{}}{\boxed{}} = \boxed{}$

4 $95 \times 0.1 =$

$95 \times 0.01 =$

$95 \times 0.001 =$

5 $234 \times 0.1 =$

$234 \times 0.01 =$

$234 \times 0.001 =$

9문제중 ⬭ 문제 맞았어!

6 $72 \times 0.1 =$

　　$72 \times 0.01 =$

　　$72 \times 0.001 =$

8 $2.7 \times 0.1 =$

　　$2.7 \times 0.01 =$

　　$2.7 \times 0.001 =$

7 $403 \times 0.1 =$

　　$403 \times 0.01 =$

　　$403 \times 0.001 =$

9 $31.6 \times 0.1 =$

　　$31.6 \times 0.01 =$

　　$31.6 \times 0.001 =$

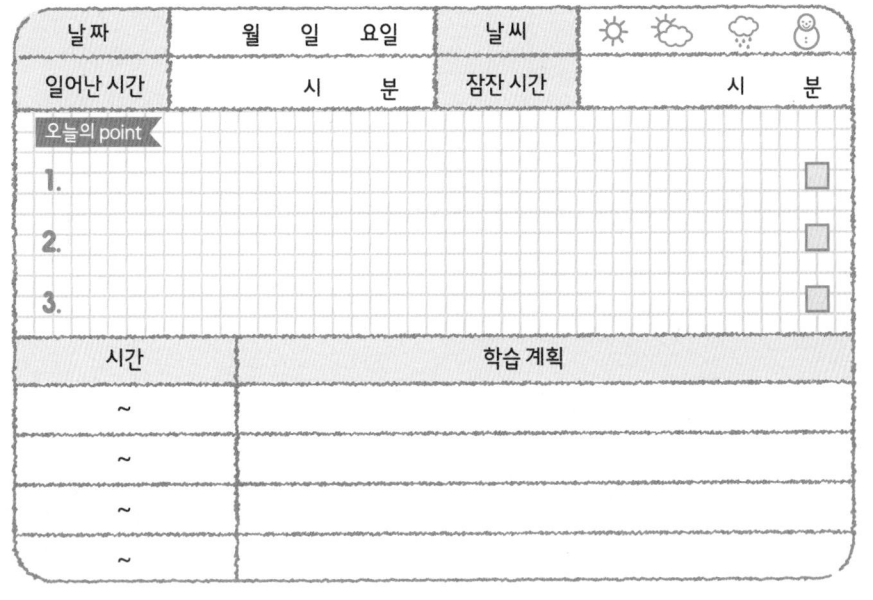

나의 생활 일기

어제의 학업 성취도 : 1 2 3 4 5

| 날짜 | 월 　 일 　 요일 | 날씨 | ☀ ⛅ ☁ ☂ ⛄ |
| 일어난 시간 | 시 　 분 | 잠잔 시간 | 시 　 분 |

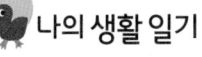 오늘의 point

1.　　　　　　　　　　　　　　□

2.　　　　　　　　　　　　　　□

3.　　　　　　　　　　　　　　□

시간	학습 계획
~	
~	
~	
~	

29 소수점의 위치(2)

소수 × 소수는 두 소수의 소수점 자리수를 더한 만큼 소수점 아래자리가 됩니다.

두 소수의 자릿수를 합한 자릿수가 됩니다.

| 소수점 1 자리 | × | 소수점 1 자리 | = | 소수점 2 자리 |
| 소수점 1 자리 | × | 소수점 2 자리 | = | 소수점 3 자리 |

$43.2 \times 0.1 = 4.32$ ← 1자리×1자리
=2자리(1+1)

$43.2 \times 0.01 = 0.432$ ← 1자리×2자리
=3자리(1+2)

$4.32 \times 0.01 = 0.0432$ ← 2자리×2자리
=4자리(2+2)

아래를 계산해 보세요.

1 0.6×8 = ⬚/⬚ × ⬚ = ⬚/⬚ = ⬚

2 0.6×0.8 = ⬚/⬚ × ⬚ = ⬚/⬚ = ⬚

3 0.6×0.08 = ⬚/⬚ × ⬚ = ⬚/⬚ = ⬚

4 $7 \times 1 =$

$7 \times 0.1 =$

$0.7 \times 0.01 =$

$0.7 \times 0.001 =$

5 $13 \times 3 =$

$13 \times 0.3 =$

$1.3 \times 0.03 =$

$0.13 \times 0.03 =$

9 문제 중 ⬚ 문제 맞았기!

6 $72 \times 2 =$

$72 \times 0.02 =$

$72 \times 0.002 =$

8 $31 \times 0.3 =$

$31 \times 0.03 =$

$3.1 \times 0.003 =$

7 $203 \times 4 =$

$203 \times 0.04 =$

$203 \times 0.004 =$

9 $453 \times 5 =$

$45.3 \times 0.05 =$

$4.53 \times 0.005 =$

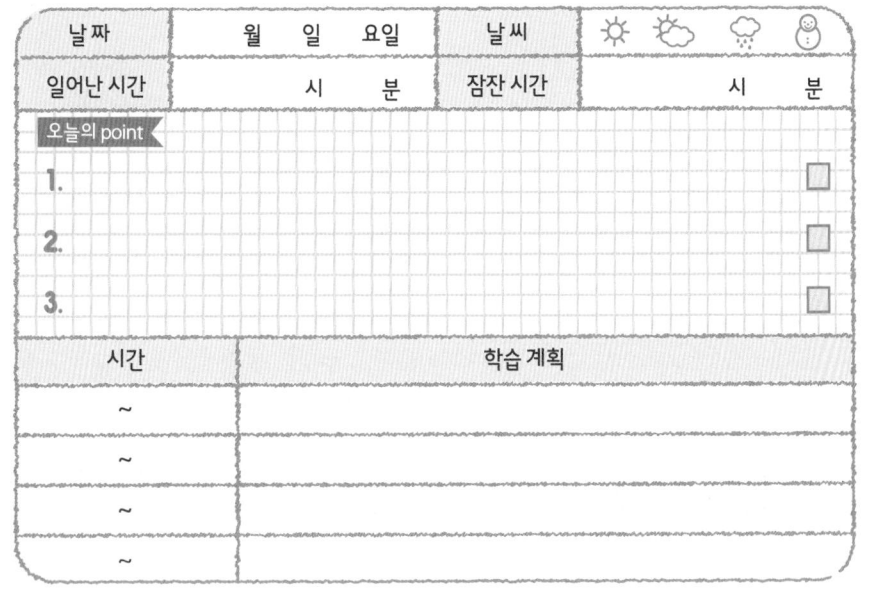

나의 생활 일기

어제의 학업 성취도 : 1 2 3 4 5

날짜	월 일 요일	날씨	☀ ☁ ☂ ⛄
일어난 시간	시 분	잠잔 시간	시 분

오늘의 point

1. ☐

2. ☐

3. ☐

시간	학습 계획
~	
~	
~	
~	

30 자연수와 소수의 곱셈(연습2)

소수를 분수로 고쳐 계산하고, 답은 소수로 적으세요.

1 $17 \times 0.1 =$

2 $48 \times 0.01 =$

3 $34 \times 0.001 =$

4 $23 \times 0.01 =$

5 $425 \times 0.1 =$

6 $563 \times 0.01 =$

7 $383 \times 0.001 =$

8 $4.25 \times 10 =$

9 $5.63 \times 100 =$

10 $3.83 \times 1000 =$

11 $0.71 \times 1000 =$

12 $3.24 \times 0.1 =$

13 $9.51 \times 0.01 =$

14 $7.36 \times 0.001 =$

22문제 중 ⬭ 문제 맞았어!

15 $16 \times 0.2 =$

16 $3.2 \times 0.3 =$

17 $52 \times 0.4 =$

18 $47 \times 0.3 =$

19 $12.1 \times 0.03 =$

20 $2.31 \times 0.04 =$

21 $30.4 \times 0.03 =$

22 $4.13 \times 0.02 =$

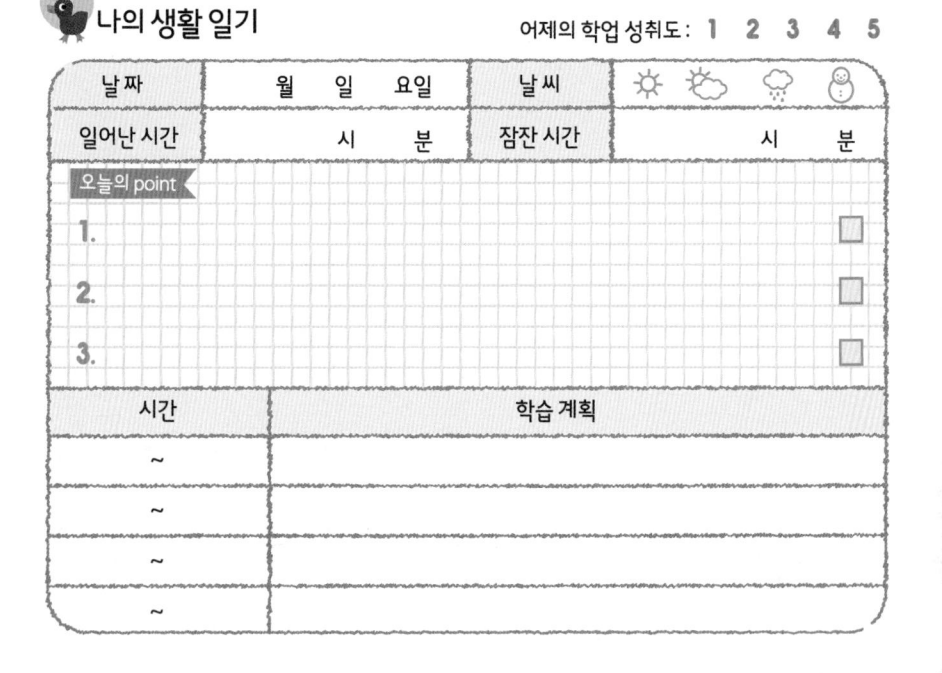

나의 생활 일기

어제의 학업 성취도 : 1 2 3 4 5

날짜	월 일 요일	날씨	☼ ☁ ☂ ☃
일어난 시간	시 분	잠잔 시간	시 분

오늘의 point

1. ☐

2. ☐

3. ☐

시간	학습 계획
~	
~	
~	
~	

31 소수 × 자연수의 세로셈 (1)

3.7 × 4의 세로 곱셈

세로로 자리를 맞추어 씁니다.

자연수의 곱셈을 합니다.

소수점을 자리에 맞추어 찍습니다.

➡ 그래서 3.7 × 4 = 14.8 입니다.

```
    3.7           3.7
  ×   4         ×   4
  1 4 8         1 4.8
```
자연수의 곱셈과   소수점의 자리를
똑 같이 계산합니다.   그대로 내려 찍습니다.

위의 규칙을 이해하고, 아래를 풀어보세요.

1
```
    4.1
  ×   2
```

5
```
    2.5
  ×   3
```

9
```
    3.5
  ×   6
```

2
```
    2.4
  ×   3
```

6
```
    5.3
  ×   4
```

10
```
    4.2
  ×   7
```

3
```
    1.8
  ×   4
```

7
```
    2.6
  ×   5
```

11
```
    6.7
  ×   8
```

4
```
    3.5
  ×   6
```

8
```
    3.2
  ×   2
```

12
```
    8.3
  ×   4
```

21 문제 중 ⃝ 문제 맞았기!

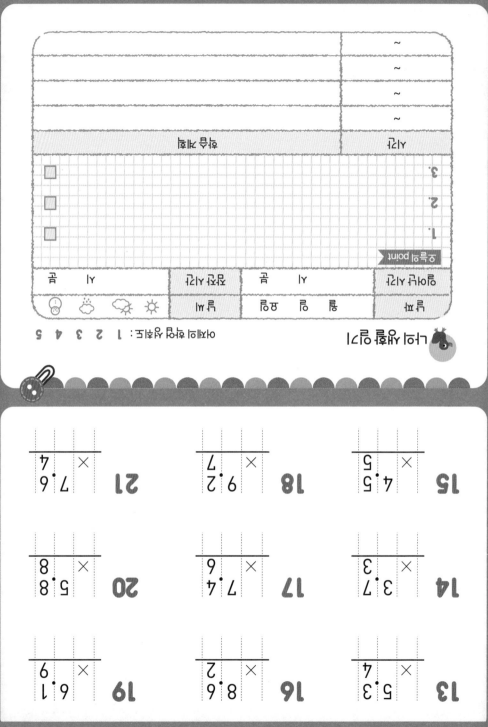

32 소수 × 자연수의 세로셈⑵

월 일
분 초

3.7 × 45의 세로 곱셈

세로로 자리를 맞추어 씁니다.

자연수의 곱셈을 합니다.

소수점을 자리에 맞추어 찍습니다.

➡ 그래서 3.7 × 45 = 166.5 입니다.

```
      3.7
 ×   4 5
    1 8 5
  1 4 8
  1 6 6.5
```

자연수의 곱셈과
똑같이 계산하고
소수점의 자리를
그대로 내려 찍습니다.

소수1자리 × 소수0자리
= 소수 1자리

위의 규칙을 이해하고, 아래를 풀어보세요.

1
```
      1.2
 ×   2 3
```

4
```
      5.4
 ×   2 8
```

7
```
      8.2
 ×   6 4
```

2
```
      3.4
 ×   5 0
```

5
```
      4.2
 ×   3 1
```

8
```
      6.2
 ×   5 9
```

3
```
      2.1
 ×   3 6
```

6
```
      7.2
 ×   4 7
```

9
```
      9.2
 ×   7 1
```

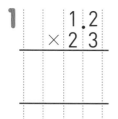 15문제 중 ⟨ ⟩ 문제 맞힘!

10
$$\begin{array}{r} 3.4 \\ \times\ 5\ 1 \\ \hline \\ \hline \end{array}$$

12
$$\begin{array}{r} 4.1 \\ \times\ 3\ 7 \\ \hline \\ \hline \end{array}$$

14
$$\begin{array}{r} 7.5 \\ \times\ 2\ 4 \\ \hline \\ \hline \end{array}$$

11
$$\begin{array}{r} 6.2 \\ \times\ 4\ 0 \\ \hline \\ \hline \end{array}$$

13
$$\begin{array}{r} 5.3 \\ \times\ 1\ 2 \\ \hline \\ \hline \end{array}$$

15
$$\begin{array}{r} 6.2 \\ \times\ 4\ 6 \\ \hline \\ \hline \end{array}$$

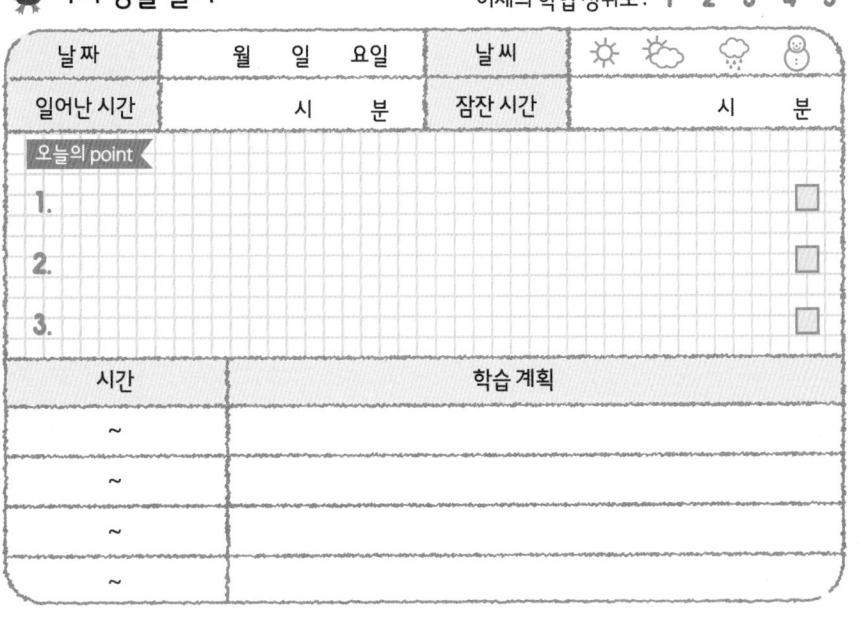

나의 생활 일기　　　　어제의 학업 성취도 : 1　2　3　4　5

날짜	월　일　요일	날씨	☀ ⛅ ☁ ⛄
일어난 시간	시　　분	잠잔 시간	시　　분

오늘의 point

1. □

2. □

3. □

시간	학습 계획
~	
~	
~	
~	

월 일
분 초

앞에서 배운 규칙을 생각해서 아래를 풀어보세요.

1
```
    4.2
  ×   2
```

5
```
    7.6
  ×   8
```

9
```
    2.7
  × 5 1
```

2
```
    3.6
  ×   5
```

6
```
    5.1
  ×   6
```

3
```
    1.9
  ×   3
```

7
```
    8.3
  ×   9
```

10
```
    4.9
  × 6 5
```

4
```
    2.8
  ×   5
```

8
```
    6.5
  ×   7
```

11
```
    7.8
  × 3 4
```

17문제 중 　문제 맞았기!

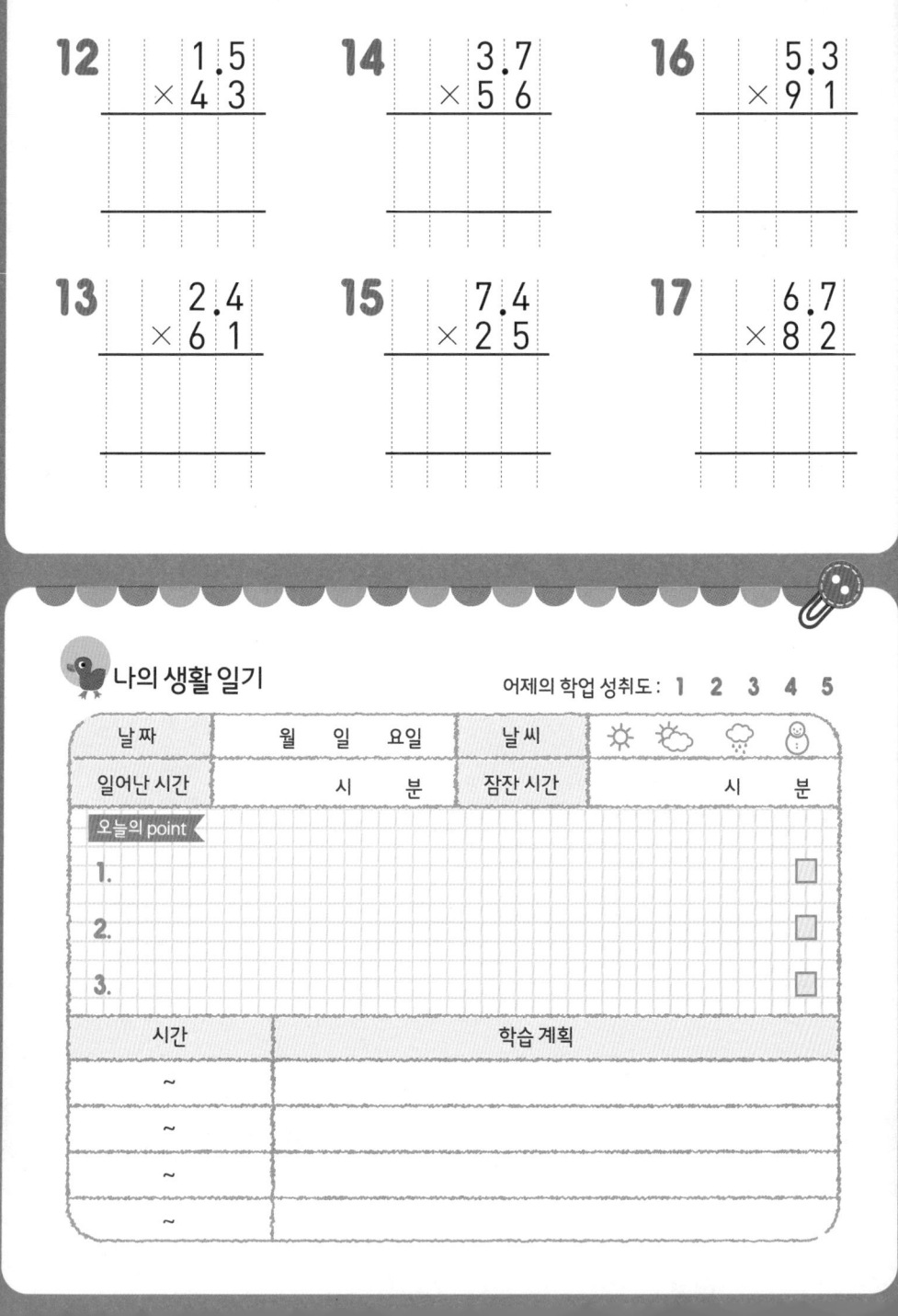

12
$$\begin{array}{r} 1\,5 \\ \times\ 4\,3 \\ \hline \end{array}$$

14
$$\begin{array}{r} 3\,7 \\ \times\ 5\,6 \\ \hline \end{array}$$

16
$$\begin{array}{r} 5\,3 \\ \times\ 9\,1 \\ \hline \end{array}$$

13
$$\begin{array}{r} 2\,4 \\ \times\ 6\,1 \\ \hline \end{array}$$

15
$$\begin{array}{r} 7\,4 \\ \times\ 2\,5 \\ \hline \end{array}$$

17
$$\begin{array}{r} 6\,7 \\ \times\ 8\,2 \\ \hline \end{array}$$

🐦 **나의 생활 일기**

어제의 학업 성취도: **1 2 3 4 5**

날짜	월 일 요일	날씨	☀ ⛅ ☂ ⛄
일어난 시간	시 분	잠잔 시간	시 분

오늘의 point

1. ☐

2. ☐

3. ☐

시간	학습 계획
~	
~	
~	
~	

34 소수 × 소수의 세로셈

월 일
분 초

3.7 × 4.5의 세로 곱셈

세로로 자리를 맞추어 씁니다.

자연수의 곱셈을 합니다.

소수점을 자리에 맞추어 찍습니다.

소수1자리×소수1자리=소수2자리

➡ 그래서 3.7 × 4.5 = 16.65 입니다.

```
        3.7
  ×     4.5
      1 8 5
    1 4 8
  1 6.6 5
```

자연수의 곱셈과
똑같이 계산하고
소수점의 자리를 확인하여
찍어줍니다.

소수1자리 × 소수1자리
= 소수 2자리

위의 규칙을 이해하고, 아래를 풀어보세요.

1
```
    2.3
×   3.1
```

4
```
    2.5
×   4.7
```

7
```
    7.1
×   4.6
```

2
```
    4.5
×   3.3
```

5
```
    3.1
×   5.2
```

8
```
    5.6
×   9.2
```

3
```
    3.2
×   6.5
```

6
```
    6.4
×   2.6
```

9
```
    2.1
×   7.9
```

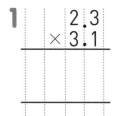

15문제 중 ◯ 문제 맞았기!

79

10
$$\begin{array}{r} 5.7 \\ \times\ 1.2 \\ \hline \end{array}$$

12
$$\begin{array}{r} 3.2 \\ \times\ 4.5 \\ \hline \end{array}$$

14
$$\begin{array}{r} 1.3 \\ \times\ 7.6 \\ \hline \end{array}$$

11
$$\begin{array}{r} 2.6 \\ \times\ 3.4 \\ \hline \end{array}$$

13
$$\begin{array}{r} 6.4 \\ \times\ 5.3 \\ \hline \end{array}$$

15
$$\begin{array}{r} 4.1 \\ \times\ 4.7 \\ \hline \end{array}$$

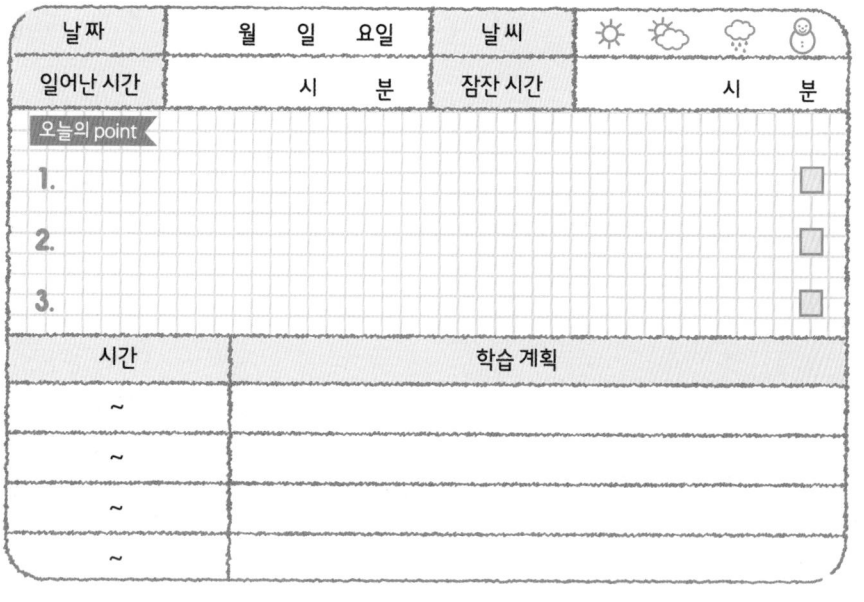

나의 생활 일기

어제의 학업 성취도 : 1 2 3 4 5

날짜	월 일 요일	날씨	☼ ☁ ☂ ☃
일어난 시간	시 분	잠잔 시간	시 분

오늘의 point

1. ☐

2. ☐

3. ☐

시간	학습 계획
~	
~	
~	
~	

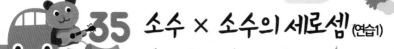
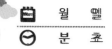

앞에서 배운대로 소수점의 위치에 주의하여 아래를 풀어보세요.

1
```
    2.4
  × 2.3
```

4
```
    1.2
  × 7.8
```

7
```
    0.32
  ×  4.5
```

2
```
    3.2
  × 4.5
```

5
```
    4.6
  × 6.3
```

8
```
    0.57
  ×  8.4
```

3
```
    3.6
  × 4.2
```

6
```
    5.3
  × 3.7
```

9
```
    0.64
  ×  2.3
```

15문제 중 ◯ 문제 맞았기!

10
$$
\begin{array}{r}
1\ 0.7 \\
\times\quad 1.2 \\
\hline
\end{array}
$$

12
$$
\begin{array}{r}
2\ 2.1 \\
\times\ 4.5 \\
\hline
\end{array}
$$

14
$$
\begin{array}{r}
1\ 5.3 \\
\times\ 4.6 \\
\hline
\end{array}
$$

11
$$
\begin{array}{r}
2\ 1.6 \\
\times\quad 3.4 \\
\hline
\end{array}
$$

13
$$
\begin{array}{r}
1\ 0.4 \\
\times\quad 2.3 \\
\hline
\end{array}
$$

15
$$
\begin{array}{r}
2\ 3.1 \\
\times\ 3.1 \\
\hline
\end{array}
$$

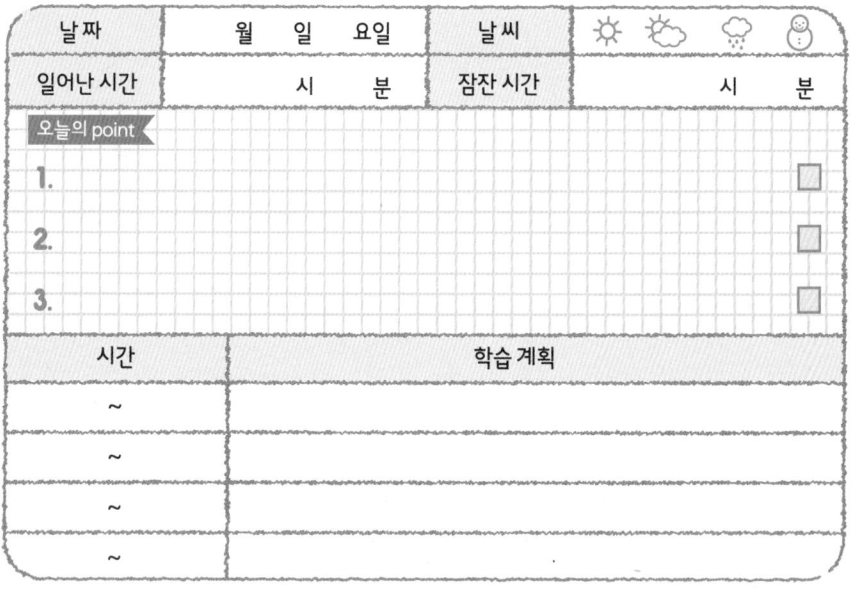

나의 생활 일기

어제의 학업 성취도: 1 2 3 4 5

날짜	월 일 요일	날씨	☀ ☁ ☂ ☃
일어난 시간	시 분	잠잔 시간	시 분

오늘의 point

1. ☐

2. ☐

3. ☐

시간	학습 계획
~	
~	
~	
~	

소리내 읽기

세 소수의 소수점 아래 자릿수의 합과 같도록 소수점을 찍어 줍니다.

자연수의 곱셈과 같이 계산하고
소수점 밑의 자리수만 합하여 소수점을
찍어줍니다.

➡ 소수**1**자리 × 소수**2**자리 × 소수**1**자리
　　　　　　　 =소수 **4**자리

$$37 \times 5 \times 3 = 555$$

$$3.7 \times 0.5 \times 0.3$$
소수**1**자리　소수**1**자리　소수**1**자리
$$= 0.555$$
소수**3**자리

```
      3.7    ← 소수1자리
  ×   0.5    ← 소수1자리
  1.8 5      ← 소수2자리
  ×   0.3    ← 소수1자리
  0.5 5 5    ← 소수3자리
```

소리내 풀기

☐ 에는 알맞은 수를 적고, 다른 문제는 자연수의 곱셈과 같이 풀어보세요.

1 $3.1 \times 0.2 \times 0.4 =$

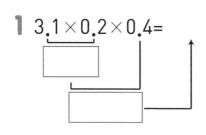

3 $4.6 \times 0.3 \times 0.8 =$

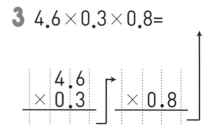

2 $3.1 \times 0.02 \times 0.4$

$$= \frac{\boxed{}}{\boxed{}} \times \frac{\boxed{}}{\boxed{}} \times \frac{\boxed{}}{\boxed{}}$$

$$= \frac{\boxed{}}{\boxed{}} = \boxed{}$$

4 $2 \times 7 \times 9 = 126$ 일 때

$$0.2 \times 0.7 \times 0.9 =$$

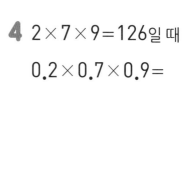

🚗 **9**문제중 ◯ 문제 맞혔기!

5 21×49×52=53508일 때
2.1×4.9×5.2=

_____

6 17×23×76=59716일 때
1.7×0.23×7.6=

_____

7 32×19×92=55936일 때
32×0.19×9.2=

_____

8 1.2×0.6×2.3=

_____

9 1.3×0.03×1.4=

_____

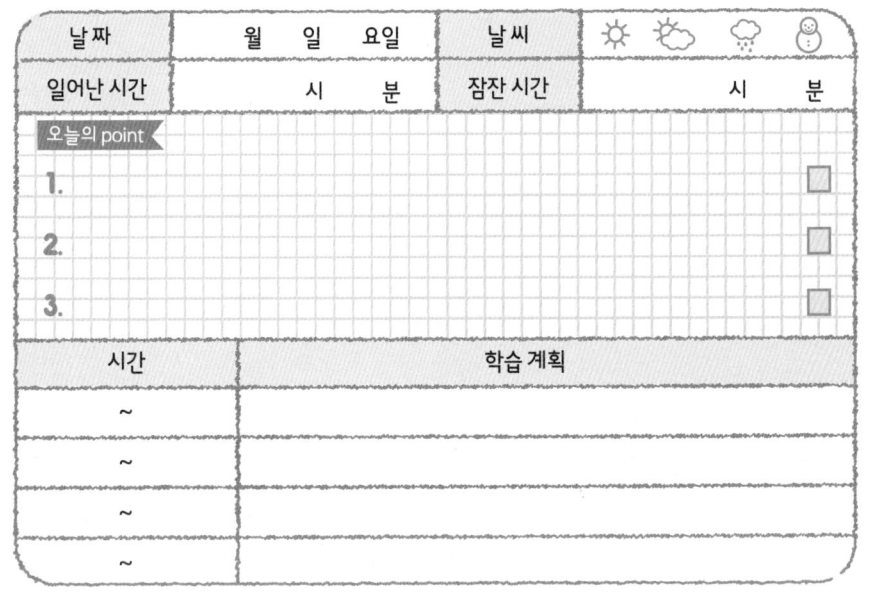

나의 생활 일기　　　　　　어제의 학업 성취도 : **1　2　3　4　5**

날짜	월　일　요일	날씨	☀　⛅　🌧　☃
일어난 시간	시　분	잠잔 시간	시　분

오늘의 point

1.　　　　　　　　　　　　　　　　　　☑

2.　　　　　　　　　　　　　　　　　　☑

3.　　　　　　　　　　　　　　　　　　☑

시간	학습 계획
~	
~	
~	
~	

37 소수 × 소수의 세로셈 (연습2)

소리내 풀기

소수점의 위치를 주의하여 아래를 풀어보세요.

1
```
      2.4
  ×   2.3
```

4
```
      1.2
  ×   7.8
```

7
```
    0.32
  ×   4.5
```

2
```
      3.2
  ×   4.5
```

5
```
      4.6
  ×   6.3
```

8
```
    0.57
  ×   8.4
```

3
```
      3.6
  ×   4.2
```

6
```
      5.3
  ×   3.7
```

9
```
    0.64
  ×   2.3
```

15문제 중 　 문제 맞힜!

10
```
    4.7
×  0.1 2
```

12
```
   1.5 3
× 0.4 1
```

14
```
   1 6.2
×    5.6
```

11
```
    3.6
× 0.2 4
```

13
```
   2.2 4
× 0.3 5
```

15
```
   3.0 2
×    2.3
```

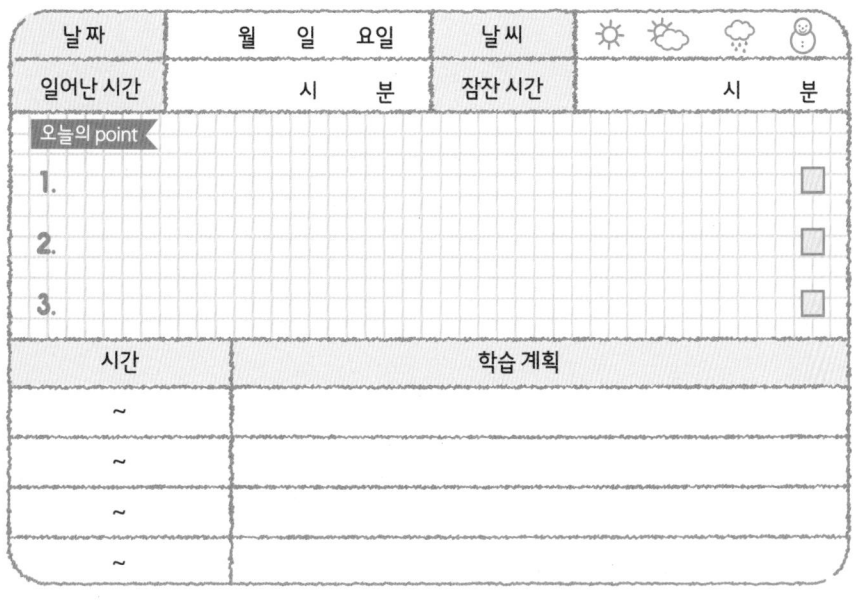

나의 생활 일기

어제의 학업 성취도 : 1 2 3 4 5

날짜	월 일 요일	날씨	☀ ⛅ 🌧 ☃
일어난 시간	시 분	잠잔 시간	시 분

오늘의 point

1. ☐

2. ☐

3. ☐

시간	학습 계획
~	
~	
~	
~	

38 소수÷자연수의 분수셈 (1)

Mon 월 일
분 초

소수 × 자연수 의 계산

방법1) 소수를 분수로 고쳐서 계산하기

$$0.8 \div 4 = \frac{8}{10} \div 4 = \frac{\overset{2}{8}}{10} \times \frac{1}{\underset{1}{4}} = \frac{2}{10} = 0.2$$

소수를 분수로 고쳐줍니다.   ÷를 ×로 바꾸어 줍니다.   소수로 바꾸어 줍니다.

방법2) 자연수의 나눗셈으로 계산하기

$$8 \div 4 = 2$$
$$0.8 \div 4 = 0.2$$

자연수의 나눗셈과 같이 계산하고, 나눠지는 수가 $\frac{1}{10}$로 줄어들면 몫도 $\frac{1}{10}$ 만큼 줄어듭니다.

□ 에 알맞은 수를 적고, 다른 문제는 자연수의 계산을 생각해서 풀어보세요.

1 $0.6 \div 3 = \dfrac{\square}{\square} \div 3 = \dfrac{\square}{\square} \times \dfrac{\square}{\square} = \dfrac{\square}{\square} = \square$

2 $2.5 \div 5 = \dfrac{\square}{\square} \div 5 = \dfrac{\square}{\square} \times \dfrac{\square}{\square} = \square$

3 $4.9 \div 7 = \dfrac{\square}{\square} \times \dfrac{\square}{\square} = \dfrac{\square}{\square} = \square$

4 $6.8 \div 4 = \dfrac{\square}{\square} \times \dfrac{\square}{\square} = \square$

5 $7.2 \div 6 = \dfrac{\square}{\square} \times \dfrac{\square}{\square} = \dfrac{\square}{\square} = \square$

13문제 중   문제 맞았기!

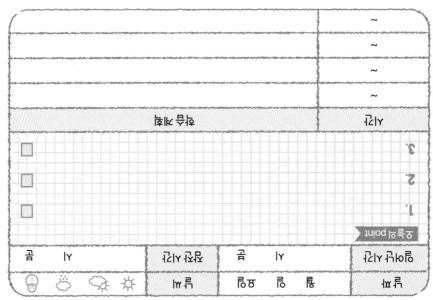

🐰 나의 생활 일기

오늘의 하루 상쾌도: 1 2 3 4 5

날짜	월	일	요일	잠잔 시간	날씨 ☀ ☁ ☂ 😊
일어난 시간	시	분		잔 시간	시 분

오늘의 point ▶

1. ☐
2. ☐
3. ☐

시간	하루 계획
~	
~	
~	
~	

6 4.5 ÷ 5 =

7 5.6 ÷ 7 =

8 3.2 ÷ 8 =

9 5.4 ÷ 6 =

10 4.8 ÷ 2 =

11 6.4 ÷ 4 =

12 7.5 ÷ 5 =

13 9.6 ÷ 6 =

39 소수÷자연수의 분수셈 (2)

소수 × 자연수 의 계산

방법1) 소수를 분수로 고쳐서 계산하기

$$1.17 \div 9 = \frac{117}{100} \div 9 = \frac{\overset{13}{117}}{100} \times \frac{1}{\underset{1}{9}} = \frac{13}{100} = 0.13$$

소수를 분수로
고쳐줍니다.

÷를 ×로
바꾸어 줍니다.

소수로
바꾸어 줍니다.

방법2) 자연수의 나눗셈으로 계산하기

$$8 \div 4 = 2 \qquad 0.08 \div 4 = 0.02$$

자연수의 나눗셈과 같이 계산하고, 나눠지는 수가 $\frac{1}{100}$로 줄어들면 몫도 $\frac{1}{100}$만큼 줄어듭니다.

소리내
풀기

☐ 에 알맞은 수를 적고, 다른 문제는 방법1로 풀고 소수로 답을 적으세요.

1 $0.36 \div 3 = \dfrac{\boxed{}}{\boxed{}} \div 3 = \dfrac{\boxed{}}{\boxed{}} \times \dfrac{\boxed{}}{\boxed{}} = \dfrac{\boxed{}}{\boxed{}} = \boxed{}$

2 $0.75 \div 5 = \dfrac{\boxed{}}{\boxed{}} \div 5 = \dfrac{\boxed{}}{\boxed{}} \times \dfrac{\boxed{}}{\boxed{}} = \boxed{}$

3 $1.61 \div 7 = \dfrac{\boxed{}}{\boxed{}} \times \dfrac{\boxed{}}{\boxed{}} = \dfrac{\boxed{}}{\boxed{}} = \boxed{}$

4 $1.04 \div 4 = \dfrac{\boxed{}}{\boxed{}} \times \dfrac{\boxed{}}{\boxed{}} = \boxed{}$

5 $2.04 \div 6 = \dfrac{\boxed{}}{\boxed{}} \times \dfrac{\boxed{}}{\boxed{}} = \dfrac{\boxed{}}{\boxed{}} = \boxed{}$

11 문제 중 ◯ 문제 맞았어!

6 $0.72 \div 6 =$

9 $1.68 \div 8 =$

7 $0.98 \div 7 =$

10 $1.86 \div 6 =$

8 $1.44 \div 9 =$

11 $2.16 \div 9 =$

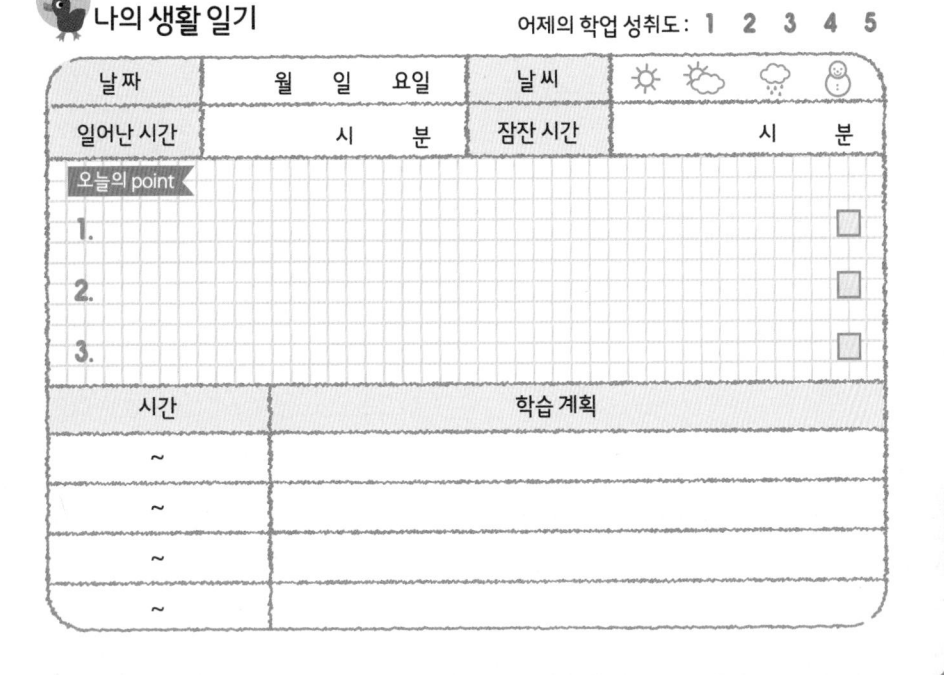

나의 생활 일기

어제의 학업 성취도 : **1 2 3 4 5**

날짜	월 일 요일	날씨	☀ ⛅ ☂ ☃
일어난 시간	시 분	잠잔 시간	시 분

오늘의 point

1. ☐

2. ☐

3. ☐

시간	학습 계획
~	
~	
~	
~	

40 소수÷자연수의 분수셈 (연습1)

Mon 월 일 분 초

소리내 풀기

☐ 에 알맞은 수를 적고, 다른 문제는 편한방법으로 풀어 소수로 답하세요.

1 $1.2 \div 3 = \dfrac{\Box}{\Box} \div 3 = \dfrac{\Box}{\Box} \times \dfrac{\Box}{\Box} = \dfrac{\Box}{\Box} = \Box$

2 $7.5 \div 5 = \dfrac{\Box}{\Box} \times \dfrac{\Box}{\Box} = \dfrac{\Box}{\Box} = \Box$

3 $8.4 \div 7 = \dfrac{\Box}{\Box} \times \dfrac{\Box}{\Box} = \dfrac{\Box}{\Box} = \Box$

4 $3.42 \div 3 = \dfrac{\Box}{\Box} \div 3 = \dfrac{\Box}{\Box} \times \dfrac{\Box}{\Box} = \dfrac{\Box}{\Box} = \Box$

5 $6.72 \div 6 = \dfrac{\Box}{\Box} \times \dfrac{\Box}{\Box} = \dfrac{\Box}{\Box} = \Box$

6 $4.64 \div 4 = \dfrac{\Box}{\Box} \times \dfrac{\Box}{\Box} = \dfrac{\Box}{\Box} = \Box$

12 문제 중 ☐ 문제 맞았어!

91

7 $13.8 \div 6 =$

10 $2.31 \div 11 =$

8 $23.8 \div 7 =$

11 $4.96 \div 16 =$

9 $33.3 \div 9 =$

12 $3.33 \div 9 =$

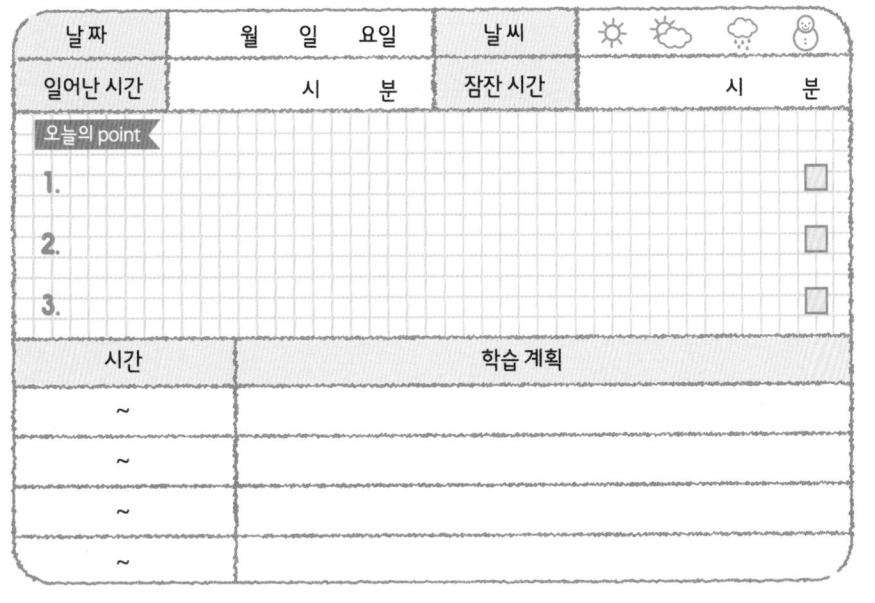

나의 생활 일기

어제의 학업 성취도 : 1 2 3 4 5

날짜	월 일 요일	날씨	☀ ⛅ 🌧 ⛄
일어난 시간	시 분	잠잔 시간	시 분

오늘의 point

1. ☐

2. ☐

3. ☐

시간	학습 계획
~	
~	
~	
~	

41 소수÷자연수의 분수셈 (3)

분자와 분모에 10을 곱하여 소수 × 자연수 의 계산

소수를 분수로 나눗셈을 할때

나누어 떨어지지 않으면 나눠지는 수의

분자와 분모에 각각 10, 100,..을 곱하여

나누어떨어지도록 하여 계산합니다.

$$2.4 \div 5 = \frac{24}{10} \div 5 = \frac{\overset{48}{240}}{100} \times \frac{1}{\underset{1}{5}} = \frac{48}{100} = 0.48$$

소수를 분수로   24는 5로 나누어 떨어지지 않으므로
고쳐줍니다.   분자와 분모에 10을 곱하여 계산합니다.

 아래 나눗셈을 분수로 고쳐 계산하고 소수로 답을 적으세요.

1 $0.3 \div 2 = \dfrac{\boxed{}}{10} \div 2 = \dfrac{\boxed{}}{100} \times \dfrac{\boxed{}}{\boxed{}} = \dfrac{\boxed{}}{\boxed{}} = \boxed{}$

2 $0.6 \div 4 = \dfrac{\boxed{}}{10} \div 4 = \dfrac{\boxed{}}{100} \times \dfrac{\boxed{}}{\boxed{}} = \dfrac{\boxed{}}{\boxed{}} = \boxed{}$

3 $0.7 \div 5 = \dfrac{\boxed{}}{100} \times \dfrac{\boxed{}}{\boxed{}} = \dfrac{\boxed{}}{\boxed{}} = \boxed{}$

4 $1.5 \div 6 = \dfrac{\boxed{}}{100} \times \dfrac{\boxed{}}{\boxed{}} = \dfrac{\boxed{}}{\boxed{}} = \boxed{}$

5 $2.8 \div 8 = \dfrac{\boxed{}}{100} \times \dfrac{\boxed{}}{\boxed{}} = \dfrac{\boxed{}}{\boxed{}} = \boxed{}$

11문제 중 ◯ 문제 맞았어!

6 $0.9 \div 6 =$

9 $4.8 \div 15 =$

7 $3.6 \div 8 =$

10 $6.5 \div 25 =$

8 $2.6 \div 4 =$

11 $4.9 \div 14 =$

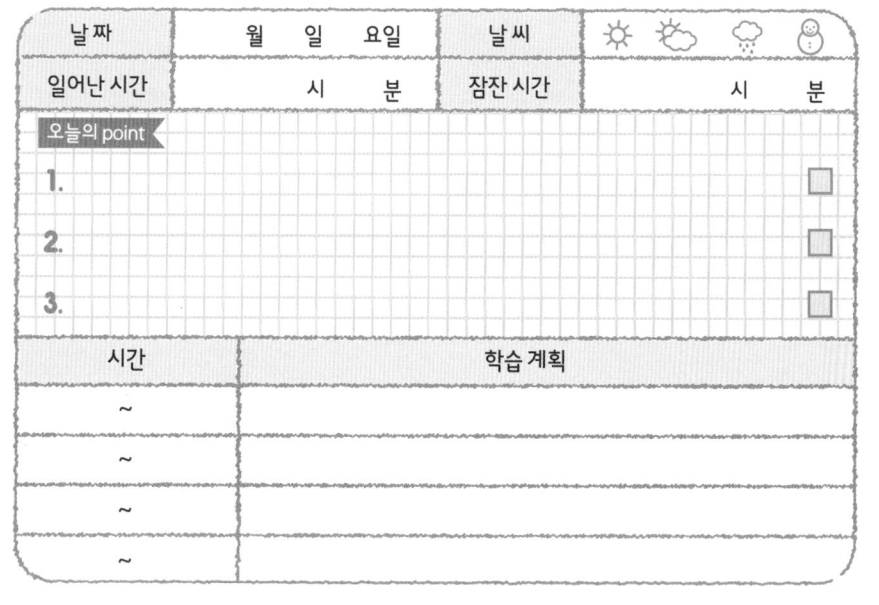

나의 생활 일기

어제의 학업 성취도 : 1 2 3 4 5

날짜	월 일 요일	날씨	☀ ☁ ☂ ⛄
일어난 시간	시 분	잠잔 시간	시 분

오늘의 point		
1.		☐
2.		☐
3.		☐

시간	학습 계획
~	
~	
~	
~	

소리내 읽기

분자와 분모에 10을 곱하여 소수 × 자연수 의 계산

소수를 분수로 나눗셈을 할 때 나누어 떨어지지 않으면 나눠지는 수의 분자와 분모에

각각 10, 100,...을 곱하여 나누어떨어지도록 하여 계산합니다.

$$1.24 \div 5 = \frac{124}{100} \div 5 = \frac{1240}{1000} \div 5 = \frac{\overset{248}{1240}}{1000} \times \frac{1}{\underset{1}{5}} = \frac{248}{1000} = 0.248$$

소수를 분수로   24는 5로 나누어 떨어지지 않으므로
고쳐줍니다.   분자와 분모에 10을 곱하여 계산합니다.

소리내 풀기

아래 나눗셈을 분수로 고쳐 계산하고 소수로 답을 적으세요.

1 $0.52 \div 2 = \dfrac{\boxed{}}{100} \div 2 = \dfrac{\boxed{}}{1000} \times \dfrac{\boxed{}}{\boxed{}} = \dfrac{\boxed{}}{\boxed{}} = \boxed{}$

2 $0.54 \div 4 = \dfrac{\boxed{}}{100} \div 4 = \dfrac{\boxed{}}{1000} \times \dfrac{\boxed{}}{\boxed{}} = \dfrac{\boxed{}}{\boxed{}} = \boxed{}$

3 $0.31 \div 5 = \dfrac{\boxed{}}{1000} \times \dfrac{\boxed{}}{\boxed{}} = \dfrac{\boxed{}}{\boxed{}} = \boxed{}$

4 $0.99 \div 6 = \dfrac{\boxed{}}{1000} \times \dfrac{\boxed{}}{\boxed{}} = \dfrac{\boxed{}}{\boxed{}} = \boxed{}$

5 $1.88 \div 8 = \dfrac{\boxed{}}{1000} \times \dfrac{\boxed{}}{\boxed{}} = \dfrac{\boxed{}}{\boxed{}} = \boxed{}$

11 문제 중   문제 맞힘!

나의 생활 일기

아래의 하얀 상자는: 1 2 3 4 5

날짜	월 일 요일	날씨 ☀ ☁ ☂ ⛄
일어난 시간	시 분	
잠잔 시간	잠든 시간	시 분

오늘의 point

1. ☐
2. ☐
3. ☐

시간	하루 계획
~	
~	
~	
~	

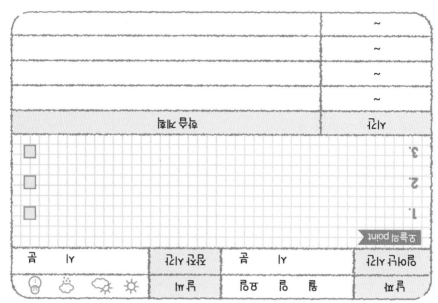

6 0.75÷6=

7 0.76÷8=

8 0.66÷4=

9 1.98÷15=

10 1.95÷25=

11 1.89÷14=

43 소수÷자연수의 분수셈 (연습2)

월 일
분 초

소리내
풀기

$\boxed{}$ 에 알맞은 수를 적고, 다른 문제는 분수로 고쳐 소수로 답을 적으세요.

1 $2.5 \div 2 = \dfrac{\boxed{}}{10} \div 2 = \dfrac{\boxed{}}{100} \times \dfrac{\boxed{}}{\boxed{}} = \dfrac{\boxed{}}{\boxed{}} = \boxed{}$

2 $5.4 \div 4 = \dfrac{\boxed{}}{100} \times \dfrac{\boxed{}}{\boxed{}} = \dfrac{\boxed{}}{\boxed{}} = \boxed{}$

3 $6.3 \div 6 = \dfrac{\boxed{}}{100} \times \dfrac{\boxed{}}{\boxed{}} = \dfrac{\boxed{}}{\boxed{}} = \boxed{}$

4 $0.54 \div 3 = \dfrac{\boxed{}}{100} \div 3 = \dfrac{\boxed{}}{1000} \times \dfrac{\boxed{}}{\boxed{}} = \dfrac{\boxed{}}{\boxed{}} = \boxed{}$

5 $5.51 \div 5 = \dfrac{\boxed{}}{1000} \times \dfrac{\boxed{}}{\boxed{}} = \dfrac{\boxed{}}{\boxed{}} = \boxed{}$

6 $8.04 \div 8 = \dfrac{\boxed{}}{1000} \times \dfrac{\boxed{}}{\boxed{}} = \dfrac{\boxed{}}{\boxed{}} = \boxed{}$

12문제 중 ◯ 문제 맞았어!

7 $2.2 \div 4 =$

10 $1.85 \div 25 =$

8 $2.1 \div 6 =$

11 $1.71 \div 18 =$

9 $2.3 \div 5 =$

12 $1.68 \div 16 =$

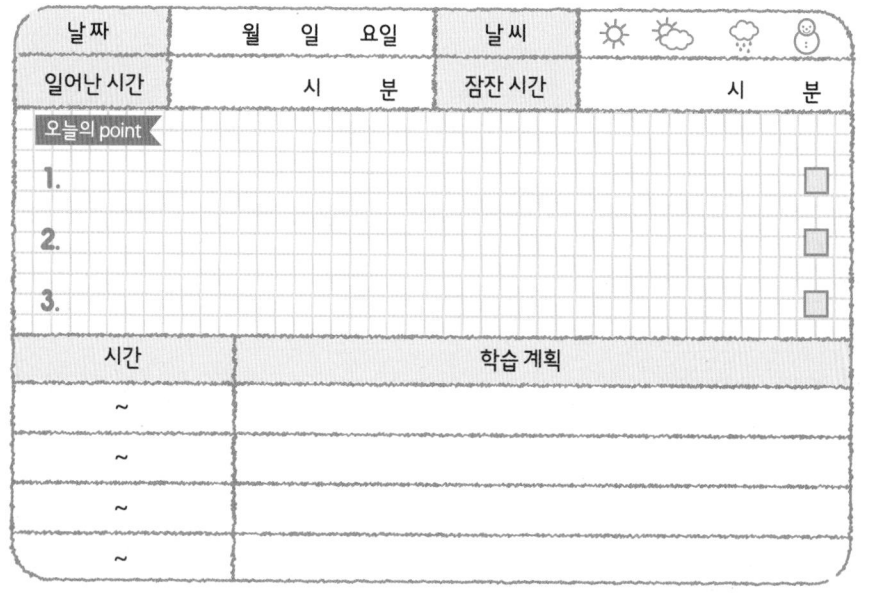

나의 생활 일기

어제의 학업 성취도 : **1 2 3 4 5**

날짜	월 일 요일	날씨	☀ ⛅ 🌧 ⛄
일어난 시간	시 분	잠잔 시간	시 분

오늘의 point

1. ☐

2. ☐

3. ☐

시간	학습 계획
~	
~	
~	
~	

44 소수÷자연수의 세로셈(1)

소리내어 읽어 보세요.

아래 나눗셈의 몫을 구하세요.

9.2 ÷ 4 의 계산방법

① 일의 자리 위에 9를 4로 나눌 수 있는 가장 큰 수인 2를 적고, 소수점을 자리에 맞추어 찍어줍니다.

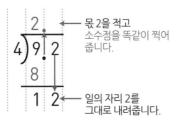

몫 2을 적고 소수점을 똑같이 찍어 줍니다.

일의 자리 2를 그대로 내려줍니다.

② 소수 첫째자리는 12를 4로 나눌 수 있는 3을 적고, 나머지를 계산합니다.

12÷4의 몫 3을 적습니다. 그래서 몫은 2.3이 됩니다.

나머지는 0입니다. 나누어 떨어집니다.

➡ **9.2 ÷ 4 의**
몫은 2.3 나머지는 0 입니다.

1

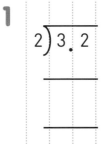

2)3.2

4

3)7.8

2

5)6.5

5

6)7.2

3

8)9.6

6

4)5.2

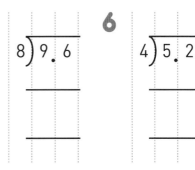

14 문제중 ⃝ 문제 맞았기!

7 $2\overline{)5.6}$

9 $3\overline{)5.7}$

11 $4\overline{)9.6}$

13 $7\overline{)9.8}$

8 $5\overline{)7.5}$

10 $6\overline{)8.4}$

12 $8\overline{)8.8}$

14 $4\overline{)6.8}$

🐤 **나의 생활 일기**

어제의 학업 성취도 : 1 2 3 4 5

날짜	월 일 요일	날씨	☀ ⛅ ☁ ☃
일어난 시간	시 분	잠잔 시간	시 분

오늘의 point

1. ☐

2. ☐

3. ☐

시간	학습 계획
~	
~	
~	
~	

월 일
분 초

소리내
풀기

아래 나눗셈의 몫을 구하세요.

1
$$3 \overline{)4\,.\,5}$$

4
$$6 \overline{)9\,.\,6}$$

7
$$4 \overline{)9\,.\,6}$$

10
$$5 \overline{)8\,.\,5}$$

2
$$2 \overline{)5\,.\,8}$$

5
$$5 \overline{)9\,.\,5}$$

8
$$7 \overline{)8\,.\,4}$$

11
$$8 \overline{)9\,.\,6}$$

3
$$4 \overline{)7\,.\,2}$$

6
$$7 \overline{)9\,.\,8}$$

9
$$8 \overline{)8\,.\,8}$$

12
$$3 \overline{)8\,.\,1}$$

20문제 중 〇문제 맞았어!

101

13 2)9.4

15 3)7.2

17 4)6.8

19 6)8.4

14 5)9.5

16 6)7.8

18 5)6.5

20 2)5.6

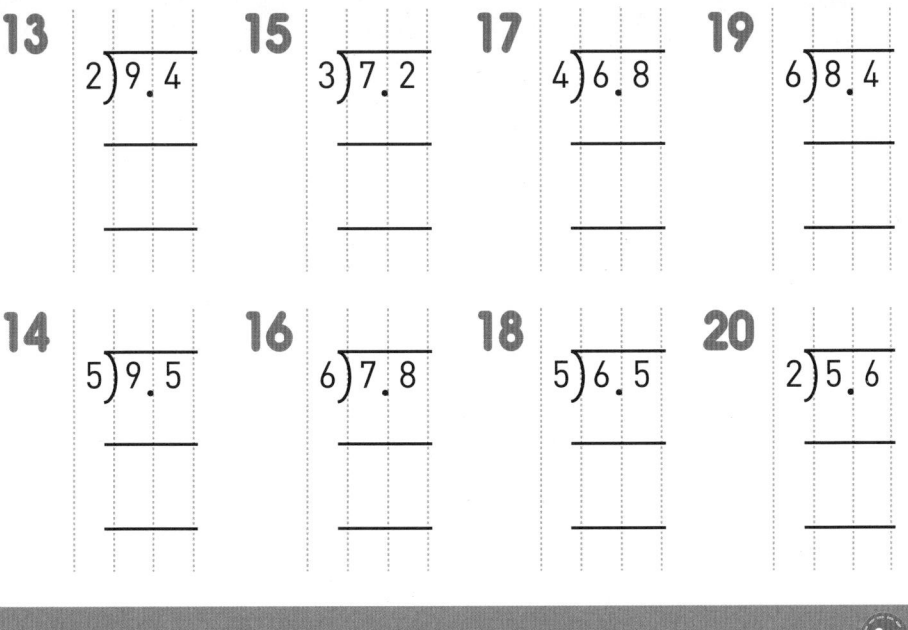

🐤 **나의 생활 일기**

어제의 학업 성취도 : 1 2 3 4 5

날짜	월 일 요일	날씨	☀ ☁ ☔ ⛄
일어난 시간	시 분	잠잔 시간	시 분

오늘의 point

1. ☐
2. ☐
3. ☐

시간	학습 계획
~	
~	
~	
~	

소리내어 읽어 보세요.

6.52 ÷ 4 의 계산방법

① 6÷4=몫1 나머지 2이므로, 1을 6 위에 적고, 나머지 2를 내려줍니다. 소수점을 같은 자리에 찍어줍니다.

몫 1을 적고 소수점을 똑같이 찍어 줍니다.

5는 그대로 내려줍니다.

② 25÷4의 몫 6을 적고 나머지 1을 내려주고, 소수의 자리 2도 내려 적습니다.

③ 12÷4의 몫 3을 적고 계산하면 나머지는 0이 됩니다.

```
    1 6 3 ← 자연수의 세로 나눗셈과
4 ) 6 5 2    같은 방법으로 계산합니다.
    4
    2 5
    2 4
      1 2
      1 2
        0 ← 나머지는 0입니다.
            나누어 떨어집니다.
```

➡ 6.52 ÷ 4 의
몫은 1.63 나머지는 0 입니다.

소리내 풀기 아래 나눗셈의 몫을 구하세요.

1
```
3 ) 5 . 4 3
```

4
```
2 ) 3 . 2 6
```

2
```
4 ) 7 . 2 4
```

5
```
5 ) 6 . 7 5
```

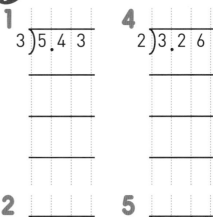
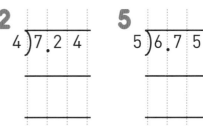

3
```
6 ) 6 . 7 2
```

6
```
7 ) 9 . 3 1
```

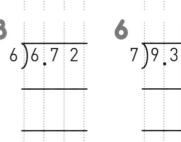

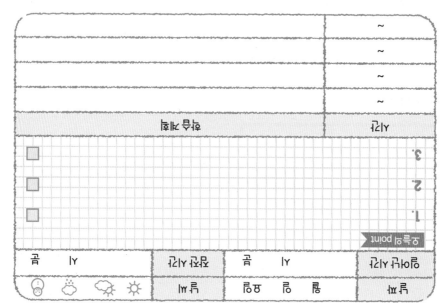

나의 생활 일기

오늘의 하루 상태도 : 1 2 3 4 5

날짜	월 요일	일	일어난 시간	시 분
날짜	월 요일	일	잠잔 시간	시 분
날씨	☀ ⛅ ☁ ☺		잠잔 시간	시 분

오늘의 point

1. ☐
2. ☐
3. ☐

시간	하루 계획
~	
~	
~	
~	

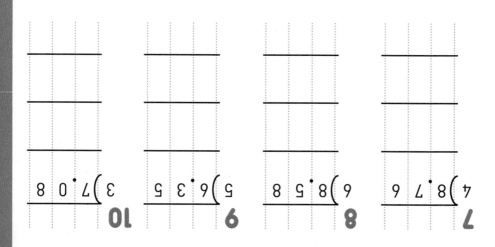

7
4) 8 . 7 6

8
6) 8 . 5 8

9
5) 6 . 3 5

10
3) 7 . 0 8

47 소수÷자연수의 세로셈(연습2)

 소리내 풀기

아래 나눗셈의 몫을 구하세요.

1

$2\overline{)8.56}$

3

$3\overline{)5.13}$

5

$8\overline{)9.84}$

7

$4\overline{)9.48}$

2

$5\overline{)7.65}$

4

$6\overline{)6.84}$

6

$7\overline{)8.12}$

8

$9\overline{)9.63}$

12문제 중 ○문제 맞았기!

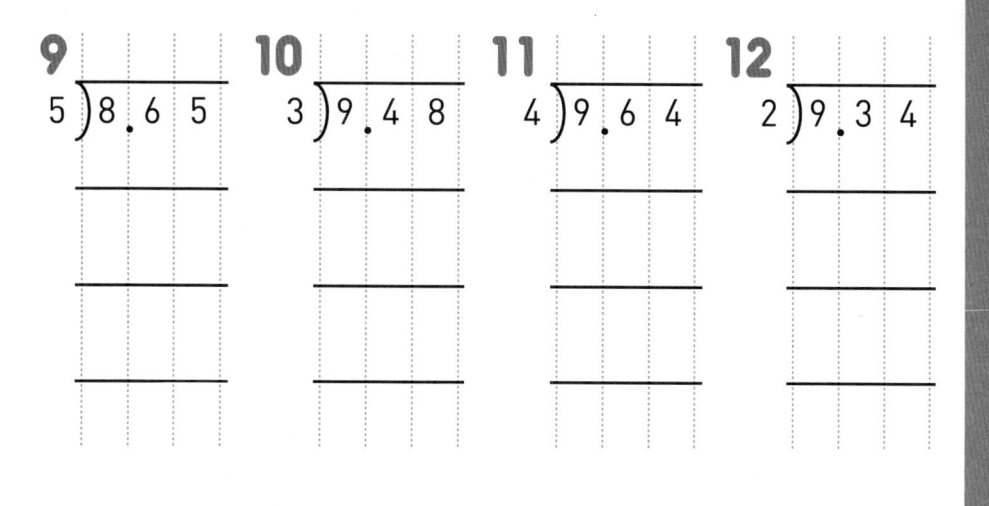

9 5)8.65

10 3)9.48

11 4)9.64

12 2)9.34

나의 생활 일기

어제의 학업 성취도 : **1 2 3 4 5**

날짜	월 일 요일	날씨	☀ ☁ ☂ ☃
일어난 시간	시 분	잠잔 시간	시 분

오늘의 point

1. ☐

2. ☐

3. ☐

시간	학습 계획
~	
~	
~	
~	

소리내어 읽어 보세요.

9.1 ÷ 5 의 계산방법

① 일의 자리인 9를 먼저 계산합니다.
9÷5=몫1 나머지 4이므로, 1을 9 위에
적고, 나머지 4를 내려줍니다.

몫 2을 적고
소수점을 똑같이 찍어
줍니다.

소수 첫째자리 1은
그대로 내려줍니다.

② 41÷5의 몫 8, 나머지 1이므로 1을
내려적고, 9.1의 소수 둘째자리 숫자에
0이 있다고 생각하고 내려줍니다.

③ 10÷5의 몫 2을 적고 계산하면
나머지는 0이 됩니다.

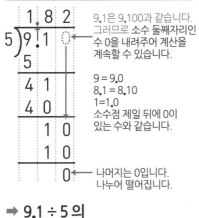

9.1은 9.100과 같습니다.
그러므로 소수 둘째자리인
수 0을 내려주어 계산을
계속할 수 있습니다.

9 = 9.0
8.1 = 8.10
1=1.0
소수점 제일 뒤에 0이
있는 수와 같습니다.

나머지는 0입니다.
나누어 떨어집니다.

➡ **9.1 ÷ 5 의**
몫은 1.82 나머지는 0 입니다.

아래 나눗셈의 몫을 구하세요.

1

$2 \overline{)5.7}$

2
$6 \overline{)6.9}$

3
$5 \overline{)7.6}$

4
$4 \overline{)7.4}$

5
$8 \overline{)9.2}$

6
$6 \overline{)8.1}$

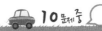

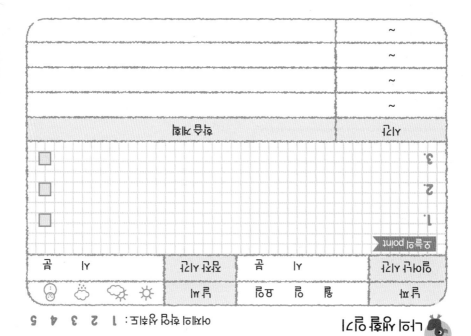

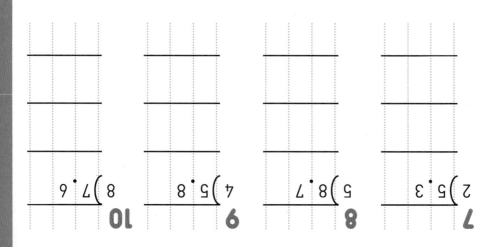

 아래 나눗셈의 몫을 구하세요.

1
$$2\,)\,\overline{2.5}$$

3
$$4\,)\,\overline{8.6}$$

5
$$8\,)\,\overline{8.4}$$

7
$$6\,)\,\overline{6.3}$$

2
$$5\,)\,\overline{6.3}$$

4
$$6\,)\,\overline{8.7}$$

6
$$4\,)\,\overline{6.2}$$

8
$$8\,)\,\overline{9.2}$$

9 5) 8 . 6

10 6) 8 . 1

11 2) 6 . 5

12 4) 6 . 6

나의 생활 일기

어제의 학업 성취도: 1 2 3 4 5

날짜	월 일 요일	날씨	☀ ⛅ 🌧 ⛄
일어난 시간	시 분	잠잔 시간	시 분

오늘의 point

1. ☐

2. ☐

3. ☐

시간	학습 계획
~	
~	
~	
~	

50 자연수÷자연수의 세로셈⑴

소리내어 읽어 보세요.

몫을 반올림하여 소수첫째자리 까지 나타내세요.

7÷4의 계산방법

① 7÷4의 몫1 나머지 3을 적고, 7은 7.0과 같으므로 소수 첫째자리 0을 내려서 계산을 계속 합니다.

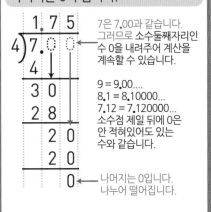

몫 2를 적고
소수점을 똑같이 찍어
줍니다.

7은 7.0과 같으므로 소수
첫째자리 0을 내려서 계산을
계속 합니다.

② 30÷4의 몫 7, 나머지 2이므로 2를 내려적고, 7.00의 소수 둘째자리 숫자에 0이 있다고 생각하고 내려줍니다.

③ 20÷4의 몫 4를 적고 계산하면 나머지는 0이 됩니다.

7은 7.00과 같습니다.
그러므로 소수둘째자리인
수 0을 내려주어 계산을
계속할 수 있습니다.

9 = 9.00....
8.1 = 8.10000...
7.12 = 7.120000...
소수점 제일 뒤에 0은
안 적혀있어도 있는
수와 같습니다.

나머지는 0입니다.
나누어 떨어집니다.

➡ 7÷4의
   몫은 1.75 나머지는 0 입니다.

1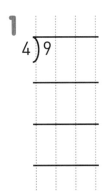

$4\overline{)9}$

4

$4\overline{)5}$

2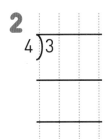

$4\overline{)3}$

5

$12\overline{)3}$

3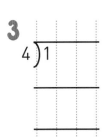

$4\overline{)1}$

6

$25\overline{)1}$

7 $24\overline{)6}$

8 $20\overline{)7}$

9 $32\overline{)8}$

10 $50\overline{)9}$

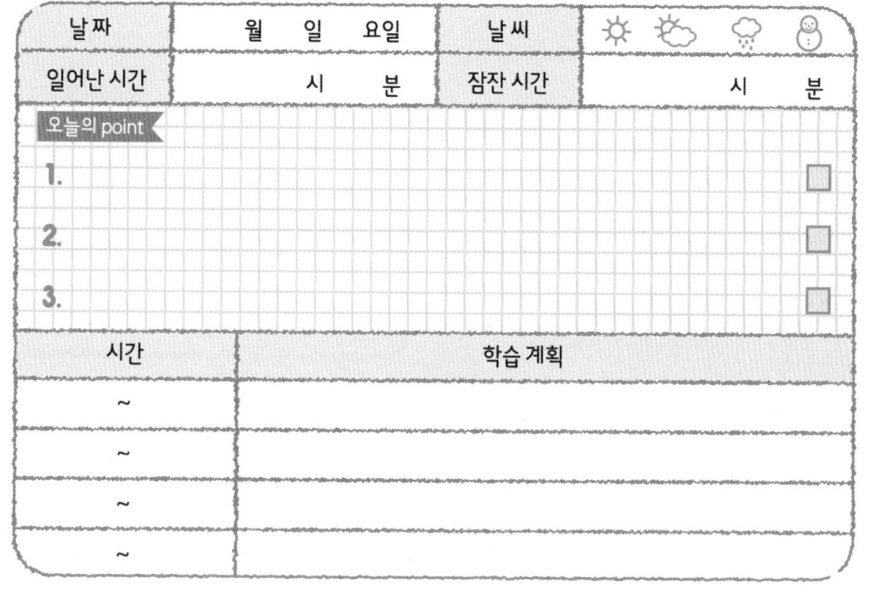

나의 생활 일기

어제의 학업 성취도 : 1 2 3 4 5

날짜	월 일 요일	날씨	☀ ⛅ ☁ ☃
일어난 시간	시 분	잠잔 시간	시 분

오늘의 point

1. ☐

2. ☐

3. ☐

시간	학습 계획
~	
~	
~	
~	

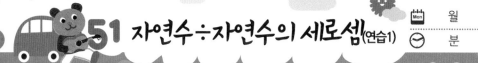

소리내 풀기

아래 나눗셈의 몫을 구하세요.

1
12) 9

4
28) 7

7
12) 3

10
50) 6

2
20) 3

5
20) 9

8
25) 3

11
16) 4

3
25) 4

6
50) 8

9
32) 8

12
25) 9

16 문제 중 ◯ 문제 맞았어!

13 $20\overline{)5}$

14 $25\overline{)7}$

15 $50\overline{)7}$

16 $36\overline{)9}$

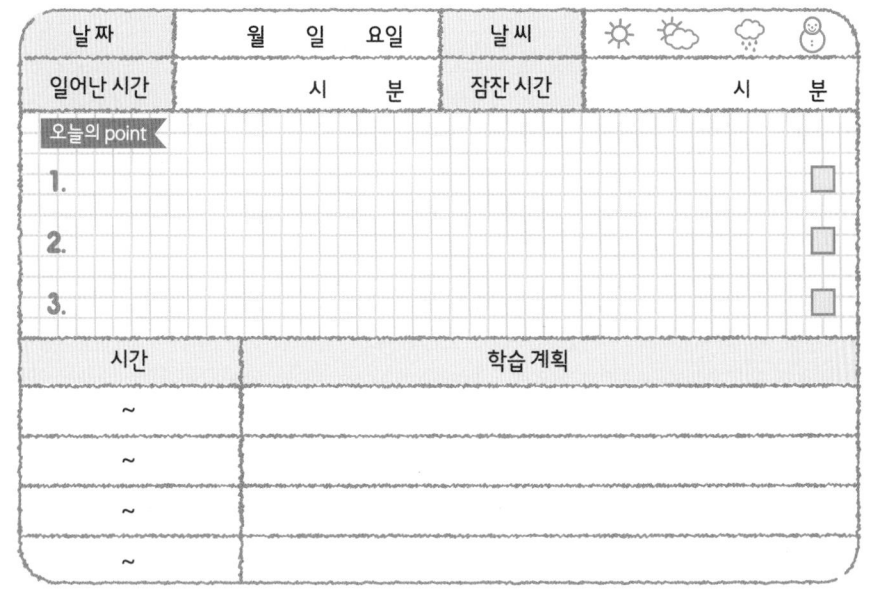

나의 생활 일기

어제의 학업 성취도 : **1 2 3 4 5**

날짜	월 일 요일	날씨	☀ ⛅ ☁ ☃
일어난 시간	시 분	잠잔 시간	시 분

오늘의 point

1. ☐

2. ☐

3. ☐

시간	학습 계획
~	
~	
~	
~	

소리내어 읽어 보세요.

몫을 반올림하여 소수 첫째자리까지 나타내세요.

4÷3 을 소수 첫째자리까지 몫 구하기(소수둘째자리에서 반올림)

① 4÷3의 몫을 계산하면 1.3에서 계속 나머지 1이 되고 소수점 밑으로 3이 계속되는 것을 알 수 있습니다.

← 1.3333....
과 같이 몫이 나누어 떨어지지 않고 3이 무한하게 (끝이 없게) 계속 반복되어집니다.

③ 이것을 반올림하여 간단히 나타낼 수 있는데, 반올림하여 구하는 몫은 구하려고 하는 자리의 바로 아랫 자리에서 반올림하여 나타냅니다.

1.333 ➡ 1.3

소수 둘째자리 숫자 3을 반올림

소수1째자리까지 나타내기

➡ 4÷3의 소수첫째자리까지 반올림한 몫은 1.3입니다.

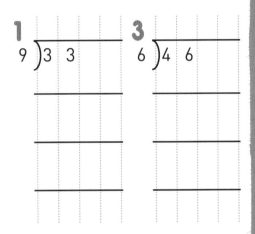

1
9) 3 3

3
6) 4 6

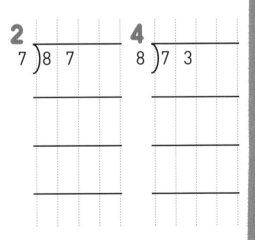

2
7) 8 7

4
8) 7 3

5 3) 7 1

6 7) 9 3

7 6) 7 3

8 8) 6 9

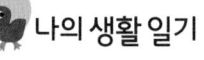 나의 생활 일기

어제의 학업 성취도: **1 2 3 4 5**

날짜	월 일 요일	날씨	
일어난 시간	시 분	잠잔 시간	시 분

오늘의 point

1. 　　　　　　　　　　　　　　　　　　☐

2. 　　　　　　　　　　　　　　　　　　☐

3. 　　　　　　　　　　　　　　　　　　☐

시간	학습 계획
~	
~	
~	
~	

53 소수의 세로 나눗셈 (연습1)

소리내
풀기

몫을 반올림하여 소수 첫째자리까지 나타내세요.

1
$7\overline{)1\ 2}$

3
$6\overline{)1\ 3}$

5
$7\overline{)1\ 9.3}$

7
$8\overline{)5\ 7.4}$

2
$3\overline{)1\ 1}$

4
$9\overline{)1\ 5}$

6
$6\overline{)3\ 5.1}$

8
$9\overline{)7\ 3.5}$

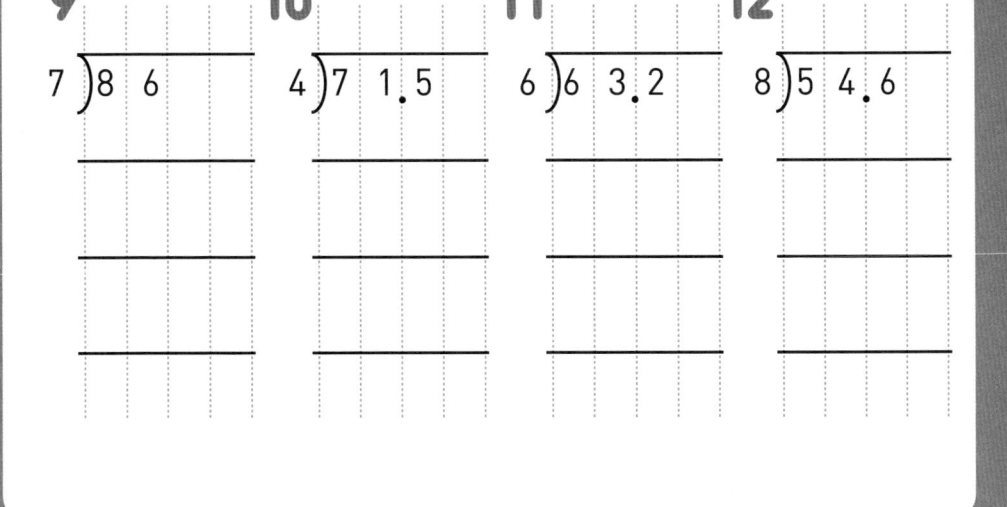

9

7) 8 6

10

4) 7 1 . 5

11

6) 6 3 . 2

12

8) 5 4 . 6

🐤 나의 생활 일기

어제의 학업 성취도 : **1 2 3 4 5**

날짜	월 일 요일	날씨	☀ ⛅ 🌧 ⛄
일어난 시간	시 분	잠잔 시간	시 분

오늘의 point

1. ☐

2. ☐

3. ☐

시간	학습 계획
~	
~	
~	
~	

소리내어 읽어 보세요.

5÷3 을 소수 둘째자리까지 몫 구하기(소수셋째자리에서 반올림)

① 5÷3의 몫을 계산하면 1.6에서 계속 나머지 2가 되고 소수점 밑으로 6이 계속되는 반복 됩니다.

```
      1. 6 6 6  ← 1.6666....
3)5. 0 0 0
   3
   2 0
   1 8
     2 0
     1 8
       2 0
       1 8
         2 0
         1 8
           2
```

과 같이 몫이 떨어지지 않고 6이 무한하게 (끝이없게) 계속 반복되어 집니다.

수가 반복되지 않고 나머지가 0으로 떨어지더라도 문제에서 구하라는 값까지 몫을 구해야 합니다.

③ 이것을 반올림하여 간단히 나타낼 수 있는데, 반올림하여 구하는 몫은 구하려고 하는 자리의 바로 아랫 자리에서 반올림하여 나타냅니다.

1.6 6 6 → 1.6 7

소수 셋째자리 숫자 6에서 반올림

소수 둘째자리까지 나타내기

➡ 5÷3의 소수 둘째자리까지 반올림한 몫은 1.67입니다.

몫을 반올림하여 소수2째자리까지 나타내세요.

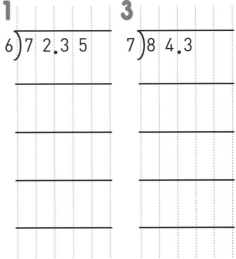

1

6)7 2.3 5

3

7)8 4.3

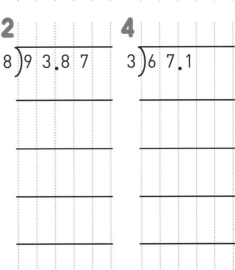

2

8)9 3.8 7

4

3)6 7.1

8문제중 ◯ 문제 맞았어!

5

$7\overline{)81.6}$

6

$6\overline{)72.5}$

7

$8\overline{)41}$

8

$3\overline{)53}$

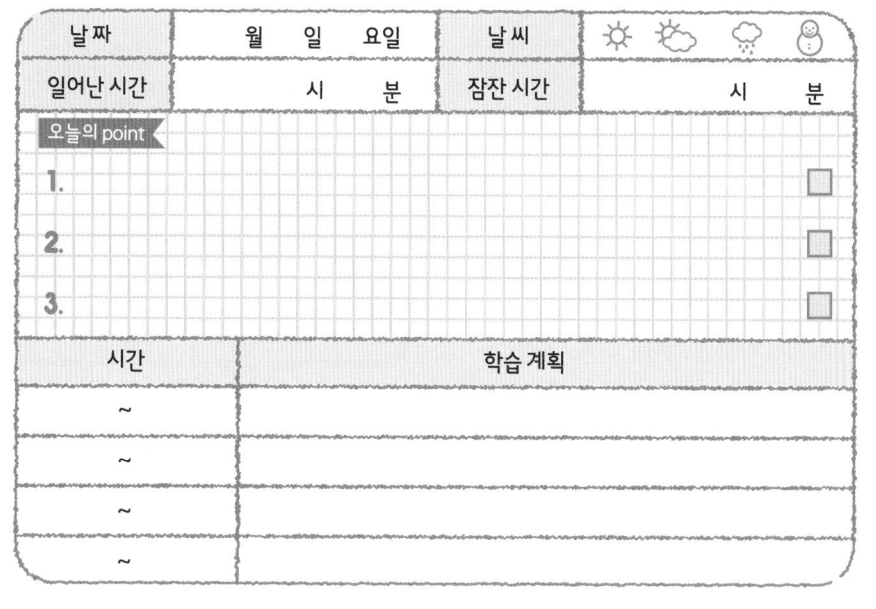

나의 생활 일기

어제의 학업 성취도 : 1 2 3 4 5

날짜	월 일 요일	날씨	☀ ☁ ☂ ☃
일어난 시간	시 분	잠잔 시간	시 분

오늘의 point

1. ☐

2. ☐

3. ☐

시간	학습 계획
~	
~	
~	
~	

소리내 풀기

몫을 반올림하여 소수 둘째자리까지 나타내세요.

1

$3\overline{)7\ 5.7}$

3

$12\overline{)5\ 7.8}$

5

$16\overline{)6\ 1.6\ 2}$

2

$7\overline{)8\ 9.2}$

4

$23\overline{)9\ 3.5\ 1}$

6

$21\overline{)9\ 1.6}$

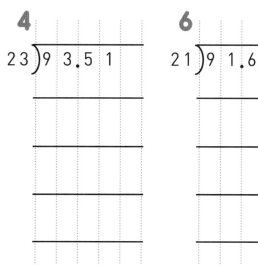

10문제중 ☐ 문제 맞았기!

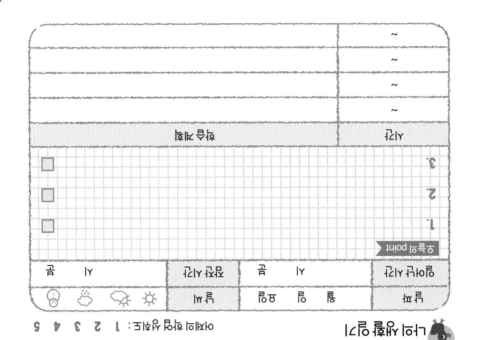

나의 생활 일기

어제의 하루 생활 점수: 1 2 3 4 5

| 날짜 | 월 | 일 | 요일 | 날씨 | |
| 일어난 시간 | 시 | 분 | 잠잔 시간 | 시 | 분 |

▶ 오늘의 point

1. ☐
2. ☐
3. ☐

시간	하루 계획
~	
~	
~	
~	

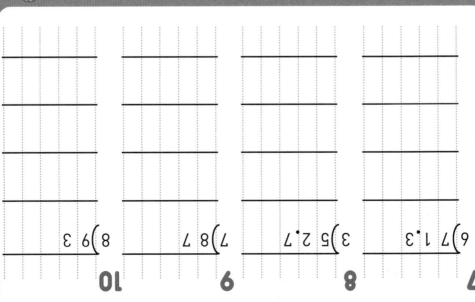

7
6)71.3

8
3)52.7

9
7)87

10
8)93

56 평균

여러 자료들의 중간값 평균

자료 3개를 조사해서 나온 값들의
중간값을 구하는 것을 평균을 구한다고
하고, 자료의 합계를 자료의 개수로 나눈
값입니다. 평균값에 자료의 개수를
곱하면 합계와 같습니다.

반	1반	2반	3반
학생수	31	29	30

옆의 표에서 자료의 수는
3개(31명, 29명, 30명)
입니다.

$$평균 = \frac{자료의\ 합계}{자료의\ 개수} = \frac{31+29+30}{3} = 30(명)$$

합계=평균×자료의 개수=30×3=90(명)

자료를 보고 물음에 답하세요. (답은 단위(명,℃...)까지 적어야 합니다)

1 줄넘기 횟수(회)

이름	대환	민수	동훈
횟수	56	34	42

평균 : _____

4 학생수(명)

반	1반	2반	3반	4반
학생수	27	32	28	33

평균 : _____

2 시간별 기온(℃)

이름	아침	점심	저녁
기온	17	32	11

평균 : _____

5 가족 몸무게(kg)

가족	아빠	엄마	나	동생
몸무게	64.7	52.2	28.9	15.4

평균 : _____

3 마을 사람수(명)

마을	1동	2동	3동
인원	512	432	457

평균 : _____

6 시험점수(점)

과목	국어	수학	사회	과학
점수	85	78	95	100

평균 : _____

10문제 중 ◯ 문제 맞았어!

7 평균 47개일때

이름	상윤	영재	미연
개	48	?	37

합계 : 평균 × 자료수 = 47 × 3 = 141
영재 = 141 − 상윤 − 미연 = 141 − 48 − 37

영재 : ....

9 평균 8.5명일때

반	1반	2반	3반	4반
학생수	10	5	?	12

3반 : ....

8 평균 18℃일때

이름	아침	점심	저녁
기온	?	27	15

아침 : ....

10 평균 12.5kg

과일	감자	토마토	당근	양파
무게	10	15	12	?

양파 : ....

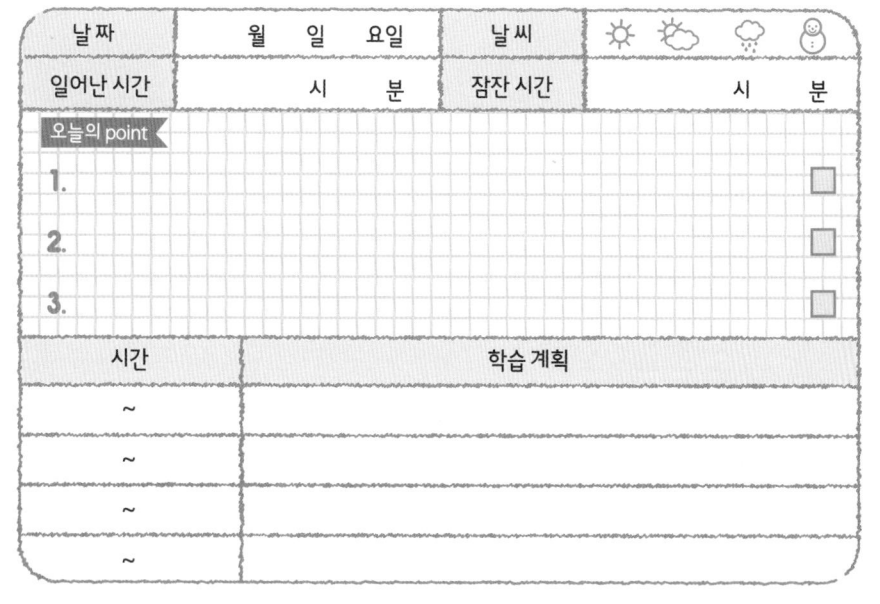

나의 생활 일기

어제의 학업 성취도 : 1 2 3 4 5

날짜	월 일 요일	날씨	☀ ☁ ☂ ☃
일어난 시간	시 분	잠잔 시간	시 분

오늘의 point

1. ☐
2. ☐
3. ☐

시간	학습 계획
~	
~	
~	
~	

57 비와 비율

월 일

분 초

 소리내 읽기

두 수를 비교하기 위해 : 을 사용한 것 비

과일	사과	포도
갯수	5	3

사과 수와 포도 수의 비
쓰기 → 5 : 3
읽기 → 5 대 3

비교하는 양과 기준량 의 비 → 비교하는 양 : 기준양
5대 3, 5와 3의 비, 5의 3에 대한 비   에 대한 에 해당되는
3에 대한 5의 비 는 같은 말입니다. ┘ 것은 순서가 바뀝니다.

포도 수와 사과 수의 비 → 3 : 5 (포도수 : 사과수)

기준량에 대한 양의 비교 비율

$$비율 = \frac{비교하는 \ 양}{기준량}$$

3 : 4의 비율 (비교하는 양 3, 기준량 4)

$$비율 = \frac{비교하는 양}{기준량} = \frac{3}{4}$$

분수로 $\frac{3}{4}$, 소수는 0.75가 됩니다.

 소리내 풀기

아래의 비를 보고 물음에 답하세요

1 5 : 7

기준량 ....

비교하는 양 ....

비율 (분수) ....

2 3 : 9

기준량 ....

비교하는 양 ....

비율 (분수) ....

3 4 : 10

기준량 ....

비교하는 양 ....

비율 (소수) ....

4 6 대 13

기준량 ....

비교하는 양 ....

비율 (분수) ....

5 8의 12에 대한 비

기준량 ....

비교하는 양 ....

비율 (분수) ....

6 20에 대한 12의 비

기준량 ....

비교하는 양 ....

비율 (소수) ....

10 문제 중 ◯ 문제 맞았기!

7 20 : 15

기준량 ....

비교하는 양 ....

비율 (분수) ....

9 3의 4에 대한 비

기준량 ....

비교하는 양 ....

비율 (분수) ....

8 14 : 8

기준량 ....

비교하는 양 ....

비율 (소수) ....

10 5에 대한 10의 비

기준량 ....

비교하는 양 ....

비율 (소수) ....

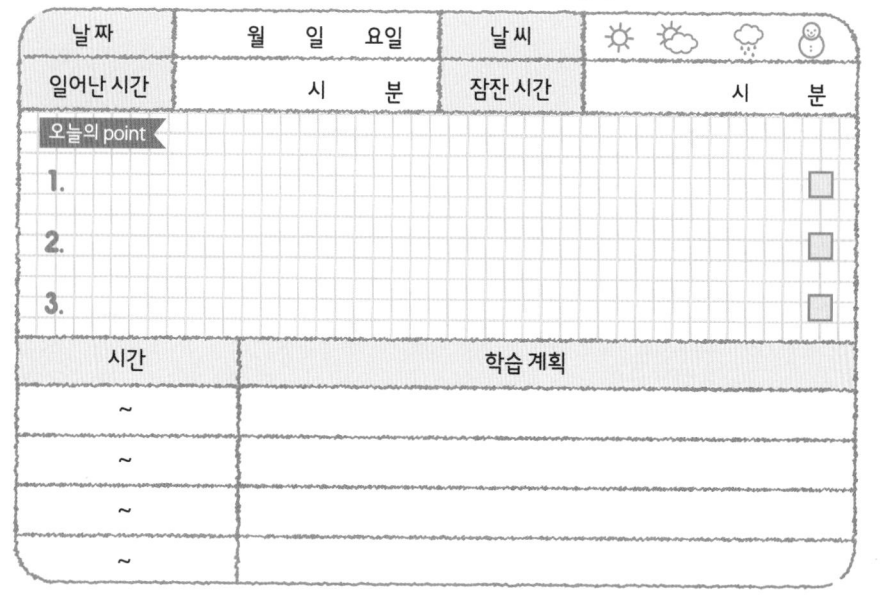

나의 생활 일기

어제의 학업 성취도 : 1 2 3 4 5

날짜	월 일 요일	날씨	☀ ⛅ 🌧 ⛄
일어난 시간	시 분	잠잔 시간	시 분

오늘의 point

1. ☐

2. ☐

3. ☐

시간	학습 계획
~	
~	
~	
~	

58 백분율

기준량을 100으로 표시한 양의 비율 백분율

백분율은 %이라 쓰고, 퍼센트라 읽습니다.

비율의 기준량을 100으로 하여 분수로 고친 후 $\frac{1}{100}$ 을 없앤 대신 %을 붙여 줍니다.

$0.31 \rightarrow \frac{31}{100} \rightarrow 31\%$ $53\% \rightarrow \frac{53}{100} \rightarrow 0.53$

소수로 된 비율을 읽는 단위 할푼리

$0 . 1 2 3 = 1$할 2푼 3리
    할 푼 리

$0.052 = 5$푼 2리, $0.406 = 4$할 6리

$53.4\% \rightarrow \frac{53.4}{100} \rightarrow 0.534$ (5할 3푼 4리)

☐ 안에 적당한 수나 말, 기호를 적으세요.

1

$0.41 \rightarrow \dfrac{\boxed{}}{100} \rightarrow \boxed{}$ %

읽기: ____ 할 ____ 푼

2

$0.3 \rightarrow \dfrac{\boxed{}}{100} \rightarrow \boxed{}$ %

읽기: ____ 할

3

$0.571 \rightarrow \dfrac{\boxed{}}{\boxed{}} \rightarrow \boxed{}\ \boxed{}$

읽기: ____ 할 ____ 푼 ____ 리

4

$27\% \rightarrow \dfrac{\boxed{}}{100} \rightarrow \boxed{}$

읽기: ____ 할 ____ 푼

5

$60\% \rightarrow \dfrac{\boxed{}}{100} \rightarrow \boxed{}$

읽기: ____ 할

6

$70.8\% \rightarrow \dfrac{\boxed{}}{100} \rightarrow \boxed{}$

읽기: ____ 할 ____

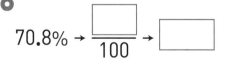

10문제 중 ◯ 문제 맞았기!

7

$0.23 \rightarrow \dfrac{\boxed{}}{100} \rightarrow \boxed{}\,\%$

읽기: ____ 할 ____ 푼

9

$19\% \rightarrow \dfrac{\boxed{}}{100} \rightarrow \boxed{}$

읽기: ____ 할 ____ 푼

8

$0.123 \rightarrow \dfrac{\boxed{}}{100} \rightarrow \boxed{}\,\%$

읽기: ____ 할 ____ 푼 ____ 리

10

$6\% \rightarrow \dfrac{\boxed{}}{100} \rightarrow \boxed{}$

읽기: ____ ____

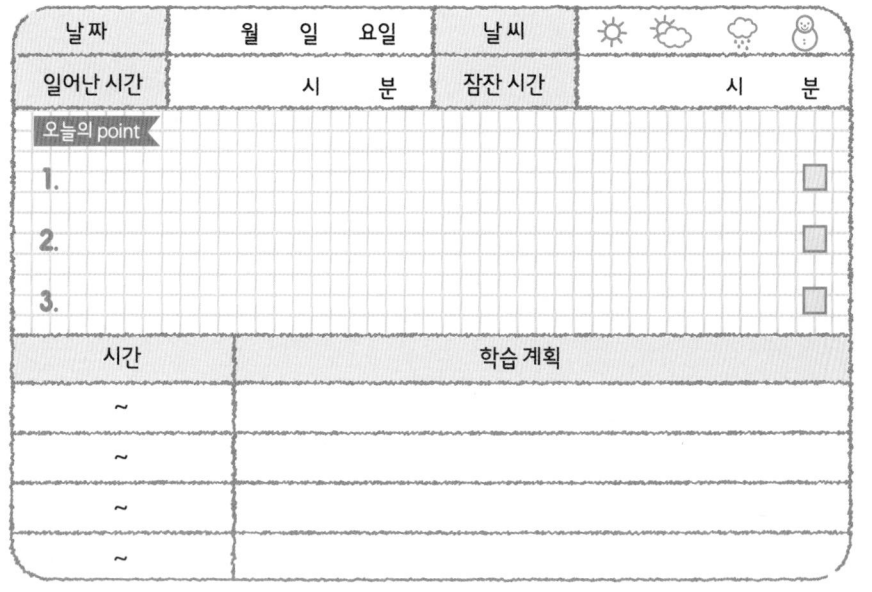

🐤 **나의 생활 일기**

어제의 학업 성취도 : **1 2 3 4 5**

날짜	월 일 요일	날씨	☀ ⛅ 🌧 ⛄
일어난 시간	시 분	잠잔 시간	시 분

오늘의 point

1. ☐

2. ☐

3. ☐

시간	학습 계획
~	
~	
~	
~	

아래 곱셈을 계산하세요.

1

```
    3 2
  × 1.2
```

4

```
    5.2
  × 2.6
```

7

```
  0.8 2
  × 4.4
```

2

```
    4 0
  × 5.6
```

5

```
    7.6
  × 3.7
```

8

```
  0.9 7
  × 8.9
```

3

```
    2.7
  × 6 4
```

6

```
    4.3
  × 6.8
```

9

```
  0.5 4
  ×   2.2
```

15문제 중 ☐ 문제 맞았어!

10
$$\begin{array}{r} 3.5 \\ \times\ 0.26 \\ \hline \end{array}$$

12
$$\begin{array}{r} 1.42 \\ \times\ 0.52 \\ \hline \end{array}$$

14
$$\begin{array}{r} 16.1 \\ \times\ 3.4 \\ \hline \end{array}$$

11
$$\begin{array}{r} 1.4 \\ \times\ 0.43 \\ \hline \end{array}$$

13
$$\begin{array}{r} 2.03 \\ \times\ 0.15 \\ \hline \end{array}$$

15
$$\begin{array}{r} 3.12 \\ \times\ 2.1 \\ \hline \end{array}$$

 나의 생활 일기

어제의 학업 성취도 : 1 2 3 4 5

날짜	월 일 요일	날씨	☀ ⛅ ☔ ☃
일어난 시간	시 분	잠잔 시간	시 분

오늘의 point

1. ☐

2. ☐

3. ☐

시간	학습 계획
~	
~	
~	
~	

60 소수의 나눗셈(연습)

 소리내 풀기

몫을 반올림하여 소수 둘째자리까지 나타내세요.

1

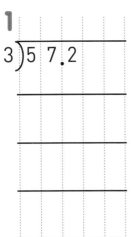

$3 \overline{)5\ 7.2}$

3

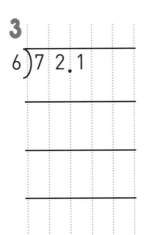

$6 \overline{)7\ 2.1}$

5

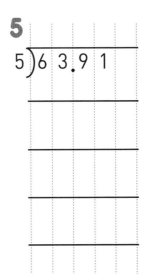

$5 \overline{)6\ 3.9\ 1}$

2

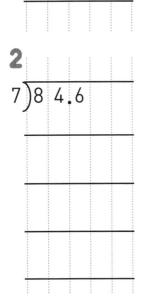

$7 \overline{)8\ 4.6}$

4

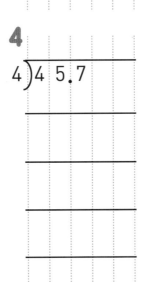

$4 \overline{)4\ 5.7}$

6

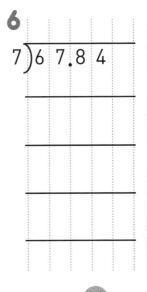

$7 \overline{)6\ 7.8\ 4}$

9문제 중 ☐ 문제 맞았어!

7 $8\overline{)9\,2.7}$

8 $6\overline{)7\,3.6}$

9 $7\overline{)8\,1.5\,2}$

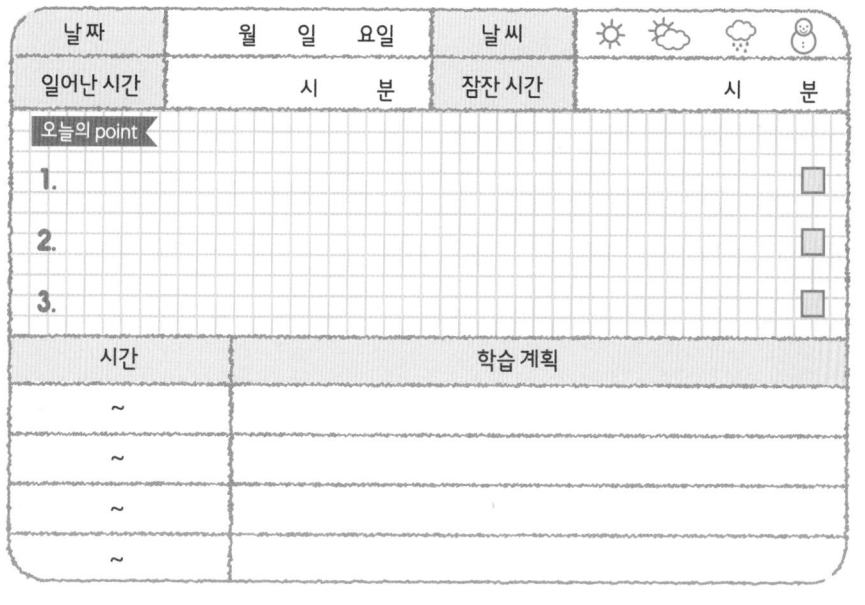

나의 생활 일기

어제의 학업 성취도 : **1 2 3 4 5**

날짜	월 일 요일	날씨	☀ ☁ ☂ ☃
일어난 시간	시 분	잠잔 시간	시 분

오늘의 point

1. ☐
2. ☐
3. ☐

시간	학습 계획
~	
~	
~	
~	

아래 분수를 소수로 만들어 보세요.

1 $1\dfrac{1}{2} =$

2 $\dfrac{1}{4} =$

3 $\dfrac{1}{5} =$

4 $\dfrac{1}{25} =$

5 $\dfrac{1}{50} =$

6 $\dfrac{1}{20} =$

7 $1\dfrac{1}{200} =$

8 $3\dfrac{1}{250} =$

9 $5\dfrac{1}{125} =$

10 $1\dfrac{1}{40} =$

11 $3\dfrac{1}{8} =$

12 $2\dfrac{1}{500} =$

12 문제 중 ◯ 문제 맞았어!

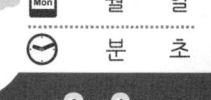

연습 2 **분수를 소수로 나타내기**

아래 분수를 소수로 만들어 보세요.

1 $\dfrac{13}{200}$ =

2 $\dfrac{17}{250}$ =

3 $\dfrac{21}{125}$ =

4 $\dfrac{7}{40}$ =

5 $\dfrac{5}{8}$ =

6 $\dfrac{11}{500}$ =

7 $3\dfrac{1}{2}$ =

8 $2\dfrac{3}{4}$ =

9 $4\dfrac{4}{5}$ =

10 $2\dfrac{12}{25}$ =

11 $1\dfrac{9}{50}$ =

12 $3\dfrac{7}{20}$ =

12 문제 중   문제 맞았어!

아래 나눗셈의 몫을 분수로 나타내세요.

1 $2\dfrac{1}{4} \div 9 =$

2 $2\dfrac{1}{7} \div 10 =$

3 $1\dfrac{1}{9} \div 15 =$

4 $2\dfrac{3}{11} \div 5 =$

5 $3\dfrac{6}{14} \div 24 =$

6 $2\dfrac{3}{16} \div 10 =$

7 $18 \div 2\dfrac{1}{4} =$

8 $10 \div 3\dfrac{1}{3} =$

9 $18 \div 1\dfrac{3}{12} =$

10 $12 \div 2\dfrac{1}{13} =$

11 $40 \div 1\dfrac{4}{31} =$

12 $24 \div 2\dfrac{6}{19} =$

12 문제중 ◯ 문제 맞았어!

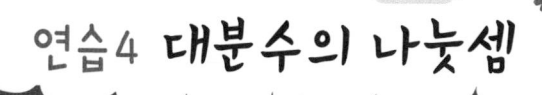

연습4 대분수의 나눗셈

아래 나눗셈의 몫을 분수로 나타내세요.

1 $2\frac{2}{3} \div 16 =$

2 $1\frac{2}{7} \div 6 =$

3 $2\frac{3}{11} \div 10 =$

4 $1\frac{9}{19} \div 12 =$

5 $2\frac{1}{40} \div 18 =$

6 $1\frac{10}{71} \div 27 =$

7 $24 \div 2\frac{2}{5} =$

8 $14 \div 3\frac{1}{9} =$

9 $18 \div 2\frac{1}{13} =$

10 $30 \div 1\frac{4}{21} =$

11 $62 \div 3\frac{3}{61} =$

12 $33 \div 1\frac{4}{95} =$

12 문제 중 ◯ 문제 맞았기!

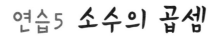

 소리내 풀기

아래 곱셈을 계산하세요.

1
```
    2 1
×   4.3
```

5
```
    6.2
×   7.5
```

9
```
    0.7 3
×     4.8
```

2
```
    4 3
×   2.7
```

6
```
    3.7
×   6.4
```

10
```
    0.8 1
×     5.3
```

3
```
    1.8
×   5 8
```

7
```
    5.9
×   8.1
```

11
```
    6.2
×   0.2 9
```

4
```
    3.6
×   1 9
```

8
```
    4.5
×   9.2
```

12
```
    9.6
×   0.3 7
```

12 문제 중 ⬭ 문제 맞았어!

소리내
풀기

아래 곱셈을 계산해 보세요.

1
```
    2 7
×   3.1
```

5
```
    5.1
×   2.7
```

9
```
  0.1 7
×   6.9
```

2
```
    6 0
×   4.5
```

6
```
    8.5
×   3.6
```

10
```
  0.4 2
×   7.3
```

3
```
    3.2
×   2 8
```

7
```
    7.9
×   5.8
```

11
```
  0.9 1
×   8.5
```

4
```
    4.6
×   7 0
```

8
```
    6.3
×   2.4
```

12
```
  0.3 9
×   9.8
```

몫을 반올림하여 소수 둘째자리까지 나타내세요.

1

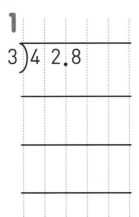

$$3\overline{)4\,2.8}$$

3

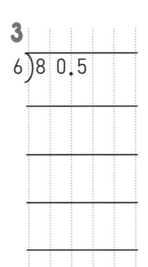

$$6\overline{)8\,0.5}$$

5

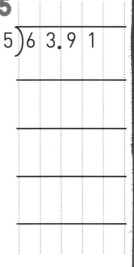

$$5\overline{)6\,3.9\,1}$$

2

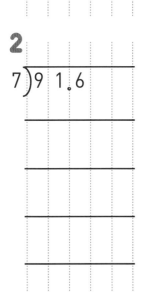

$$7\overline{)9\,1.6}$$

4

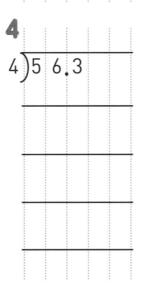

$$4\overline{)5\,6.3}$$

6

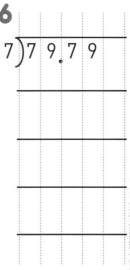

$$7\overline{)7\,9.7\,9}$$

6 문제 중 ⬜ 문제 맞았어!

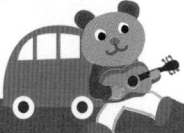

월 일
분 초

연습8 소수의 나눗셈

소리내 풀기

아래 나눗셈의 몫을 소수 셋째자리에서 반올림하세요.

1

$3\overline{)43.7}$

3

$6\overline{)71.8}$

5

$5\overline{)59.17}$

2

$7\overline{)92.6}$

4

$4\overline{)64.5}$

6

$7\overline{)87.84}$

6 문제 중 ( ) 문제 맞았어!

하루를 준비하는

아침5분수학

5학년 2학기 정답

www.obook.kr

01
① 0.2 ② 0.7 ③ 1.1 ④ 1.6 ⑤ 2.1 ⑥ 0.3 ⑦ 2.1
⑧ 3.5 ⑨ 1 ⑩ 10 ⑪ 0.03 ⑫ 0.21 ⑬ 1.05
⑭ 1 ⑮ 15 ⑯ 0.003 ⑰ 0.021 ⑱ 0.105 ⑲ 3.051
⑳ 5 ㉑ 6 ㉒ 1.7 ㉓ 3 ㉔ 4.57 ㉕ 3.1

02
① 0.5 ② 0.5 ③ 0.6 ④ 0.28 ⑤ 0.38 ⑥ 0.065
⑦ 0.108 ⑧ 0.208 ⑨ 0.575 ⑩ 0.375 ⑪ 2.2
⑫ 1.3 ⑬ 3.75 ⑭ 2.84 ⑮ 5.725 ⑯ 6.584
⑰ 3.21 ⑱ 4.625

03
① 1,2 ② 3,5 ③ 10,25 ④ 15,50 ⑤ 24,60 ⑥ 1.5
⑦ 3.6 ⑧ 2.4 ⑨ 5.3 ⑩ 4.4 ⑪ 4,25 ⑫ 9,20 ⑬
22,40 ⑭ 36,48 ⑮ 2.16 ⑯ 1.45 ⑰ 3.55 ⑱ 4.75

04
① 0.25 ② 0.2 ③ 0.36 ④ 0.22 ⑤ 0.35 ⑥ 0.048
⑦ 0.184 ⑧ 0.425 ⑨ 0.375 ⑩ 0.095 ⑪ 6.75
⑫ 4.92 ⑬ 5.8 ⑭ 1.68 ⑮ 3.625 ⑯ 7.184
⑰ 2.255 ⑱ 9.256

05
① > ② = ③ < ④ > ⑤ < ⑥ > ⑦ <
⑧ > ⑨ > ⑩ < ⑪ > ⑫ > ⑬ > ⑭ >

06
① $\frac{3}{10}$ ② $\frac{7}{10}$ ③ $1\frac{1}{5}$ ④ $1\frac{3}{5}$ ⑤ $2\frac{1}{10}$ ⑥ $\frac{3}{10}$
⑦ $\frac{7}{10}$ ⑧ $\frac{9}{10}$ ⑨ $\frac{3}{100}$ ⑩ $\frac{17}{100}$ ⑪ $\frac{29}{100}$ ⑫ $\frac{37}{100}$
⑬ $\frac{71}{100}$ ⑭ $\frac{63}{100}$ ⑮ $\frac{59}{100}$ ⑯ $2\frac{2}{5}$ ⑰ $1\frac{4}{5}$ ⑱ $15\frac{1}{2}$
⑲ $10\frac{1}{5}$ ⑳ $9\frac{1}{4}$ ㉑ $7\frac{8}{25}$ ㉒ $16\frac{12}{25}$ ㉓ $10\frac{1}{100}$

07
① $\frac{1}{5}$ ② $\frac{1}{2}$ ③ $\frac{9}{10}$ ④ $1\frac{1}{2}$ ⑤ $1\frac{9}{10}$ ⑥ $2\frac{2}{5}$
⑦ $3\frac{1}{2}$ ⑧ $4\frac{3}{5}$ ⑨ $3\frac{1}{5}$ ⑩ $5\frac{4}{5}$ ⑪ $1\frac{1}{4}$ ⑫ $2\frac{3}{4}$
⑬ $1\frac{21}{50}$ ⑭ $1\frac{7}{25}$ ⑮ $3\frac{14}{25}$ ⑯ $6\frac{1}{2}$ ⑰ $9\frac{4}{5}$ ⑱ $12\frac{2}{5}$
⑲ $23\frac{1}{2}$ ⑳ $9\frac{3}{4}$ ㉑ $7\frac{1}{4}$ ㉒ $16\frac{17}{50}$ ㉓ $32\frac{3}{20}$

08
① = ② = ③ < ④ = ⑤ > ⑥ < ⑦ =
⑧ < ⑨ > ⑩ > ⑪ = ⑫ >

09
① > ② = ③ > ④ > ⑤ > ⑥ > ⑦ <
⑧ > ⑨ > ⑩ > ⑪ < ⑫ = ⑬ = ⑭ <

10
① 8 ② $1\frac{2}{3}$ ③ $4\frac{1}{2}$ ④ $6\frac{1}{2}$ ⑤ 16 ⑥ 25
⑦ $29\frac{1}{6}$ ⑧ $97\frac{1}{2}$ ⑨ $5\frac{1}{3}$ ⑩ 6 ⑪ $3\frac{1}{2}$ ⑫ $22\frac{1}{2}$
⑬ 15 ⑭ $21\frac{1}{3}$

11
① $3\frac{1}{2}$ ② 5 ③ 14 ④ $7\frac{2}{3}$ ⑤ $6\frac{1}{2}$ ⑥ $8\frac{1}{3}$
⑦ 14 ⑧ 16 ⑨ $29\frac{1}{6}$ ⑩ 26 ⑪ 63 ⑫ 180
⑬ $9\frac{5}{9}$ ⑭ $13\frac{5}{7}$ ⑮ $9\frac{2}{5}$ ⑯ $22\frac{5}{9}$ ⑰ $30\frac{1}{2}$ ⑱ $14\frac{1}{3}$

12
① $\frac{1}{4}$ ② $1\frac{1}{3}$ ③ $\frac{1}{2}$ ④ $\frac{1}{3}$ ⑤ 3 ⑥ $\frac{1}{2}$
⑦ $\frac{5}{6}$ ⑧ $1\frac{3}{4}$ ⑨ $\frac{2}{3}$ ⑩ $1\frac{1}{2}$ ⑪ $\frac{6}{7}$ ⑫ $\frac{5}{7}$
⑬ $\frac{1}{3}$ ⑭ $\frac{5}{9}$ ⑮ $1\frac{2}{7}$ ⑯ $2\frac{1}{3}$ ⑰ $2\frac{1}{6}$ ⑱ $4\frac{1}{3}$

13
① $\frac{1}{8}$ ② $\frac{1}{10}$ ③ $\frac{2}{9}$ ④ $\frac{2}{39}$ ⑤ $\frac{1}{16}$ ⑥ $\frac{1}{20}$ ⑦ $\frac{6}{175}$
⑧ $\frac{1}{135}$ ⑨ $\frac{1}{32}$ ⑩ $\frac{2}{45}$ ⑪ $\frac{1}{27}$ ⑫ $\frac{7}{132}$ ⑬ $\frac{5}{147}$ ⑭ $\frac{1}{18}$

14
① $\frac{1}{4}$ ② $\frac{3}{5}$ ③ $\frac{4}{9}$ ④ $\frac{3}{13}$ ⑤ $\frac{1}{8}$ ⑥ $\frac{3}{20}$ ⑦ $\frac{3}{50}$
⑧ $\frac{2}{45}$ ⑨ $\frac{2}{15}$ ⑩ $\frac{5}{54}$ ⑪ $\frac{3}{56}$ ⑫ $\frac{7}{72}$ ⑬ $\frac{2}{21}$ ⑭ $\frac{8}{93}$

15
① $\frac{1}{12}$ ② $\frac{1}{24}$ ③ $\frac{1}{20}$ ④ $\frac{1}{54}$ ⑤ $\frac{1}{75}$ ⑥ $\frac{7}{300}$ ⑦ $\frac{1}{18}$
⑧ $\frac{1}{24}$ ⑨ $\frac{3}{20}$ ⑩ $\frac{1}{36}$ ⑪ $\frac{3}{25}$ ⑫ $\frac{2}{25}$ ⑬ $\frac{1}{72}$ ⑭ $\frac{1}{18}$
⑮ $\frac{1}{42}$ ⑯ $\frac{8}{45}$ ⑰ $\frac{4}{81}$ ⑱ $\frac{1}{30}$

16
① $\frac{1}{4}$ ② $\frac{4}{5}$ ③ $\frac{5}{9}$ ④ $\frac{3}{13}$ ⑤ $\frac{1}{4}$ ⑥ $\frac{4}{5}$ ⑦ $\frac{3}{25}$
⑧ $\frac{2}{45}$ ⑨ $\frac{1}{8}$ ⑩ $\frac{2}{15}$ ⑪ $\frac{5}{27}$ ⑫ $\frac{5}{72}$ ⑬ $\frac{7}{76}$ ⑭ $\frac{1}{9}$

17
① 4 ② $1\frac{1}{4}$ ③ $1\frac{4}{5}$ ④ $4\frac{1}{3}$ ⑤ 4 ⑥ $1\frac{1}{4}$
⑦ $8\frac{1}{3}$ ⑧ $22\frac{1}{2}$ ⑨ $4\frac{2}{3}$ ⑩ $19\frac{1}{4}$ ⑪ $8\frac{2}{3}$ ⑫ $5\frac{1}{9}$
⑬ $2\frac{3}{11}$ ⑭ $13\frac{1}{3}$

채점까지 혼자 스스로 합니다.

18 ① $\frac{1}{6}$ ② $\frac{1}{3}$ ③ $\frac{7}{40}$ ④ $\frac{5}{24}$ ⑤ $\frac{2}{45}$ ⑥ $\frac{3}{40}$
⑦ 6 ⑧ $2\frac{2}{5}$ ⑨ 16 ⑩ $7\frac{1}{5}$ ⑪ $8\frac{4}{7}$ ⑫ 20
⑬ $\frac{17}{132}$ ⑭ $\frac{23}{144}$ ⑮ $\frac{7}{45}$ ⑯ $4\frac{6}{11}$ ⑰ $13\frac{19}{20}$ ⑱ $11\frac{1}{2}$

19 ① $\frac{2}{3}$ ② $\frac{2}{5}$ ③ $\frac{1}{9}$ ④ $\frac{1}{6}$ ⑤ $\frac{1}{3}$ ⑥ $\frac{1}{9}$ ⑦ $\frac{4}{17}$
⑧ $\frac{1}{4}$ ⑨ $\frac{1}{9}$ ⑩ $\frac{4}{27}$ ⑪ $\frac{2}{9}$ ⑫ $1\frac{1}{5}$ ⑬ $\frac{5}{24}$ ⑭ $\frac{1}{8}$

20 ① $\frac{1}{24}$ ② $\frac{2}{15}$ ③ $\frac{1}{81}$ ④ $\frac{1}{96}$ ⑤ $\frac{1}{48}$ ⑥ $\frac{1}{27}$ ⑦ $\frac{1}{64}$
⑧ $\frac{1}{20}$ ⑨ $\frac{1}{13}$ ⑩ $\frac{1}{30}$ ⑪ $\frac{1}{200}$ ⑫ $\frac{2}{75}$ ⑬ $\frac{3}{400}$ ⑭ $\frac{1}{96}$

21 ① 3 ② 5 ③ 3 ④ 10 ⑤ 6 ⑥ 15 ⑦ 9 ⑧ 4 ⑨ 55
⑩ 110 ⑪ 90 ⑫ 70 ⑬ 110 ⑭ 110 ⑮ 120 ⑯ 130

22 ① 5 ② 9 ③ 11 ④ 4 ⑤ 18 ⑥ 9 ⑦ 7 ⑧ 13 ⑨ 55
⑩ 35 ⑪ 110 ⑫ 70 ⑬ 115 ⑭ 150 ⑮ 115 ⑯ 120

23 ① 0.6, 0.6, 0.6, 1.8 ② (6,10),(18,10), 1.8 ③ 18, 1.8 ④ 3.5 ⑤ 7.2 ⑥ 1.2 ⑦ 4.2 ⑧ 1.8 ⑨ 3.2 ⑩ 4.5 ⑪ 2.8 ⑫ 4.8 ⑬ 1.8 ⑭ 1.4 ⑮ 3.2 ⑯ 2.5 ⑰ 5.4

24 ① 0.06, 0.06, 0.06, 0.06, 0.24 ② (6,100),(24, 100), 0.24 ③ 24, 0.24 ④ 3.5 ⑤ 7.2 ⑥ 4.8 ⑦ 0.28 ⑧ 0.18 ⑨ 0.36 ⑩ 4.5 ⑪ 2.8 ⑫ 4.8 ⑬ 1.8 ⑭ 0.14 ⑮ 0.32 ⑯ 0.25 ⑰ 0.54

25 ① 0.6 ② 3.5 ③ 2.4 ④ 5.6 ⑤ 2.4 ⑥ 1.8 ⑦ 2.8 ⑧ 0.42 ⑨ 0.64 ⑩ 0.15 ⑪ 0.24 ⑫ 0.12 ⑬ 0.25 ⑭ 0.63 ⑮ 1 ⑯ 6.3 ⑰ 5.6 ⑱ 1.8 ⑲ 0.06 ⑳ 0.28 ㉑ 0.4 ㉒ 0.36

26 ① (3,10),(36,10), 3.6 ② (3,100),(36,100), 0.36 ③ (3,1000),(36,1000), 0.036 ④ 12, 1.2, 0.12, 0.012 ⑤ 84, 8.4, 0.84, 0.084 ⑥ 56, 5.6, 0.56 ⑦ 45, 4.5, 0.45 ⑧ 96, 0.96, 0.096 ⑨ 205, 2.05, 0.205

27 ① (516,100),(516,10), 51.6 ② (516,100), (516,1), 516 ③ (516,100),(5160,1), 5160 ④ 9.5, 95, 950, 9500 ⑤ 2.34, 23.4, 234, 2340 ⑥ 61, 610, 6100 ⑦ 50.3, 503, 5030 ⑧ 14, 140, 1400 ⑨ 37.8, 378, 3780

28 ① (1,10),(516,10), 51.6 ② (1,100),(516, 100), 5.16 ③ (1,1000),(516,1000), 0.516 ④ 9.5, 0.95, 0.095 ⑤ 23.4, 2.34, 0.234 ⑥ 7.2, 0.72, 0.072 ⑦ 40.3, 4.03, 0.403 ⑧ 0.27, 0.027, 0.0027 ⑨ 3.16, 0.316, 0.0316

29 ① (6,10),8,(48,10), 4.8 ② (6,10),(8,10), (48,100), 0.48 ③ (6,10),(8,100),(48,1000), 0.048 ④ 7, 0.7, 0.007, 0.0007 ⑤ 39, 3.9, 0.039, 0.0039 ⑥ 144, 1.44, 0.144 ⑦ 812, 8.12, 0.812 ⑧ 9.3, 0.93, 0.0093 ⑨ 2265, 2.265, 0.02265

30 ① 1.7 ② 0.48 ③ 0.034 ④ 0.23 ⑤ 42.5 ⑥ 5.63 ⑦ 0.383 ⑧ 42.5 ⑨ 563 ⑩ 3830 ⑪ 710 ⑫ 0.324 ⑬ 0.0951 ⑭ 0.00736 ⑮ 3.2 ⑯ 0.96 ⑰ 20.8 ⑱ 14.1 ⑲ 0.363 ⑳ 0.0924 ㉑ 0.912 ㉒ 0.0826

31 ① 8.2 ② 7.2 ③ 7.2 ④ 21 ⑤ 7.5 ⑥ 21.2 ⑦ 13 ⑧ 6.4 ⑨ 21 ⑩ 29.4 ⑪ 53.6 ⑫ 33.2 ⑬ 21.2 ⑭ 11.1 ⑮ 22.5 ⑯ 17.2 ⑰ 44.4 ⑱ 64.4 ⑲ 54.9 ⑳ 46.4 ㉑ 30.4

32 ① 27.6 ② 170 ③ 75.6 ④ 151.2 ⑤ 130.2 ⑥ 338.4 ⑦ 524.8 ⑧ 365.8 ⑨ 653.2 ⑩ 173.4 ⑪ 248 ⑫ 151.7 ⑬ 63.6 ⑭ 180 ⑮ 285.2

33 ① 8.4 ② 18 ③ 5.7 ④ 14 ⑤ 60.8 ⑥ 30.6 ⑦ 74.7 ⑧ 45.5 ⑨ 137.7 ⑩ 318.5 ⑪ 265.2 ⑫ 64.5 ⑬ 146.4 ⑭ 207.2 ⑮ 185 ⑯ 482.3 ⑰ 549.4

34 ① 7.13 ② 14.85 ③ 20.8 ④ 11.75 ⑤ 16.12 ⑥ 16.64 ⑦ 32.66 ⑧ 51.52 ⑨ 16.59 ⑩ 6.84 ⑪ 8.84 ⑫ 14.4 ⑬ 33.92 ⑭ 9.88 ⑮ 19.27

35 ① 5.52 ② 14.4 ③ 15.12 ④ 9.36 ⑤ 28.98 ⑥ 19.61 ⑦ 1.44 ⑧ 4.788 ⑨ 1.472 ⑩ 12.84 ⑪ 73.44 ⑫ 99.45 ⑬ 23.92 ⑭ 70.38 ⑮ 71.61

36 ① 0.62, 0.248, 0.248 ② (31,10),(2,100),(4, 10),(248,10000),0.0248 ③ 1.104 ④ 0.126 ⑤ 53.508 ⑥ 2.9716 ⑦ 55.936 ⑧ 1.656 ⑨ 0.0546

37 ① 5.52 ② 14.4 ③ 15.12 ④ 9.36 ⑤ 28.98
⑥ 19.61 ⑦ 1.44 ⑧ 4.788 ⑨ 1.472 ⑩ 0.564
⑪ 0.864 ⑫ 0.6273 ⑬ 0.784 ⑭ 90.72 ⑮ 6.946

38 ① (6,10), (6,10), (1,3), (2,10), 0.2
② (25,10), (25,10), (1,5), (5,10), 0.5
③ (49,10), (1,7), (7,10), 0.7
④ (68,10), (1,4), (17,10), 1.7
⑤ (72,10), (1,6), (12,10), 1.2 ⑥ 0.9 ⑦ 0.8
⑧ 0.4 ⑨ 0.9 ⑩ 2.4 ⑪ 1.6 ⑫ 1.5 ⑬ 1.6

39 ① (36,100), (36,100), (1,3), (12,100), 0.12
② (75,100), (75,100), (1,5), (15,100), 0.15
③ (161,100), (1,7), (23,100), 0.23
④ (104,100), (1,4), (26,100), 0.26
⑤ (204,100), (1,6), (34,100), 0.34 ⑥ 0.12
⑦ 0.14 ⑧ 0.16 ⑨ 0.21 ⑩ 0.31 ⑪ 0.24

40 ① (12,10), (12,10), (1,3), (4,10), 0.4
② (75,10), (1,5), (15,10), 1.5
③ (84,10), (1,7), (12,10), 1.2
④ (342,100), (342,100), (1,3), (114,100), 1.14
⑤ (672,100), (1,6), (112,100), 1.12
⑥ (464,100), (1,4), (116,100), 1.16 ⑦ 2.3
⑧ 3.4 ⑨ 3.7 ⑩ 0.21 ⑪ 0.31 ⑫ 0.37

41 ① 3, 30, (1,2), (15,100), 0.15
② 6, 60, (1,4), (15,100), 0.15
③ 70, (1,5), (14,100), 0.14
④ 150, (1,6), (25,100), 0.25
⑤ 280, (1,8), (35,100), 0.35 ⑥ 0.15 ⑦ 0.45
⑧ 0.65 ⑨ 0.32 ⑩ 0.26 ⑪ 0.35

42 ① 52, 520, (1,2), (260,1000), 0.26
② 54, 540, (1,4), (135,1000), 0.135
③ 310, (1,5), (62,1000), 0.062
④ 990, (1,6), (165,1000), 0.165
⑤ 1880, (1,8), (235,1000), 0.235 ⑥ 0.125
⑦ 0.095 ⑧ 0.165 ⑨ 0.132 ⑩ 0.078 ⑪ 0.135

43 ① 25, 250, (1,2), (125,100), 1.25
② 540, (1,4), (135,100), 1.35
③ 630, (1,6), (105,100), 1.05
④ 54, 540, (1,3), (180,1000), 0.18
⑤ 5510, (1,5), (1102,1000), 1.102
⑥ 8040, (1,8), (1005,1000), 1.005 ⑦ 0.55
⑧ 0.35 ⑨ 0.46 ⑩ 0.074 ⑪ 0.095 ⑫ 0.105

44 ① 1.6 ② 1.3 ③ 1.2 ④ 2.6 ⑤ 1.2 ⑥ 1.3
⑦ 2.8 ⑧ 1.5 ⑨ 1.9 ⑩ 1.4 ⑪ 2.4 ⑫ 1.1
⑬ 1.4 ⑭ 1.7

45 ① 1.5 ② 2.9 ③ 1.8 ④ 1.6 ⑤ 1.9 ⑥ 1.4
⑦ 2.4 ⑧ 1.2 ⑨ 1.1 ⑩ 1.7 ⑪ 1.2 ⑫ 2.7
⑬ 4.7 ⑭ 1.9 ⑮ 2.4 ⑯ 1.3 ⑰ 1.7 ⑱ 1.3
⑲ 1.4 ⑳ 2.8

46 ① 1.81 ② 1.81 ③ 1.12 ④ 1.63 ⑤ 1.35
⑥ 1.33 ⑦ 2.19 ⑧ 1.43 ⑨ 1.27 ⑩ 2.36

47 ① 4.28 ② 1.53 ③ 1.71 ④ 1.14 ⑤ 1.23
⑥ 1.16 ⑦ 2.37 ⑧ 1.07 ⑨ 1.73 ⑩ 3.16
⑪ 2.41 ⑫ 4.67

48 ① 2.85 ② 1.15 ③ 1.52 ④ 1.85 ⑤ 1.15
⑥ 1.35 ⑦ 2.65 ⑧ 1.74 ⑨ 1.45 ⑩ 0.95

49 ① 1.25 ② 1.26 ③ 2.15 ④ 1.45 ⑤ 1.05
⑥ 1.55 ⑦ 1.05 ⑧ 1.15 ⑨ 1.72 ⑩ 1.35
⑪ 3.25 ⑫ 1.65

50 ① 2.25 ② 0.75 ③ 0.25 ④ 1.25 ⑤ 0.25
⑥ 0.04 ⑦ 0.25 ⑧ 0.35 ⑨ 0.25 ⑩ 0.18

51 ① 0.75 ② 0.15 ③ 0.16 ④ 0.25 ⑤ 0.45
⑥ 0.16 ⑦ 0.25 ⑧ 0.12 ⑨ 0.25 ⑩ 0.12
⑪ 0.25 ⑫ 0.36 ⑬ 0.25 ⑭ 0.28 ⑮ 0.14
⑯ 0.25

52 ① 3.7 ② 12.4 ③ 7.7 ④ 9.1 ⑤ 23.7
⑥ 13.3 ⑦ 12.2 ⑧ 8.6

53 ① 1.7 ② 3.7 ③ 2.2 ④ 1.7 ⑤ 2.8 ⑥ 5.9
⑦ 7.2 ⑧ 8.2 ⑨ 12.3 ⑩ 17.9 ⑪ 10.5 ⑫ 6.8

54 ① 12.06 ② 11.73 ③ 12.04 ④ 22.37
⑤ 11.66 ⑥ 12.08 ⑦ 5.13 ⑧ 17.67

55 ① 25.23 ② 12.74 ③ 4.82 ④ 4.07 ⑤ 3.85
⑥ 4.36 ⑦ 11.88 ⑧ 17.57 ⑨ 12.43 ⑩ 11.63

56 ① 44회 ② 20℃ ③ 467명 ④ 30명 ⑤ 40.3kg
⑥ 89.5점 ⑦ 56개 ⑧ 12℃ ⑨ 7명 ⑩ 13kg

57 ① 7,5, $\frac{5}{7}$ ② 9,3, $\frac{1}{3}$ ③ 10,4,0.4 ④ 13,6, $\frac{6}{13}$
⑤ 12,8, $\frac{2}{3}$ ⑥ 20,12,0.6 ⑦ 15,20, $\frac{4}{3}$

⑧ 8,14,1.75 ⑨ 4,3,$\frac{3}{4}$ ⑩ 5,10,2

58 ① 41, 41, 4,1 ② 30, 30, 3 ③ (57.1, 100), 57.1, %, 5, 7, 1 ④ 27, 0.27, 2,7 ⑤ 60, 0.6, 6 ⑥ 70.8, 0.708, 7, 8, 리 ⑦ 23, 23, 2, 3 ⑧ 12.3, 12.3, 1, 2, 3 ⑨ 19, 0.19, 1,9 ⑩ 6, 0.06, 6, 푼

59 ① 38.4 ② 224 ③ 172.8 ④ 13.52 ⑤ 28.12 ⑥ 29.24 ⑦ 3.608 ⑧ 8.633 ⑨ 1.188 ⑩ 0.91 ⑪ 0.602 ⑫ 0.7384 ⑬ 0.3045 ⑭ 54.74 ⑮ 6.552

60 ① 19.07 ② 12.09 ③ 12.02 ④ 11.43 ⑤ 12.78 ⑥ 9.69 ⑦ 11.59 ⑧ 12.27 ⑨ 11.65

연습1 ① 0.5 ② 0.25 ③ 0.2 ④ 0.04 ⑤ 0.02 ⑥ 0.05 ⑦ 1.005 ⑧ 3.004 ⑨ 5.008 ⑩ 1.025 ⑪ 3.125 ⑫ 2.002

연습2 ① 0.065 ② 0.068 ③ 0.168 ④ 0.175 ⑤ 0.625 ⑥ 0.022 ⑦ 3.5 ⑧ 2.75 ⑨ 4.8 ⑩ 2.48 ⑪ 1.18 ⑫ 3.35

연습3 ① $\frac{1}{4}$ ② $\frac{3}{14}$ ③ $\frac{2}{27}$ ④ $\frac{5}{11}$ ⑤ $\frac{1}{7}$ ⑥ $\frac{7}{32}$ ⑦ 8 ⑧ 3 ⑨ $14\frac{2}{5}$ ⑩ $5\frac{7}{9}$ ⑪ $35\frac{3}{7}$ ⑫ $10\frac{4}{11}$

연습4 ① $\frac{1}{6}$ ② $\frac{3}{14}$ ③ $\frac{5}{22}$ ④ $\frac{7}{57}$ ⑤ $\frac{9}{80}$ ⑥ $\frac{3}{71}$ ⑦ 10 ⑧ $4\frac{1}{2}$ ⑨ $8\frac{2}{3}$ ⑩ $25\frac{1}{5}$ ⑪ $20\frac{1}{3}$ ⑫ $31\frac{2}{3}$

연습5 ① 90.3 ② 116.1 ③ 104.4 ④ 68.4 ⑤ 46.5 ⑥ 23.68 ⑦ 47.79 ⑧ 41.4 ⑨ 3.504 ⑩ 4.293 ⑪ 1.798 ⑫ 3.552

연습6 ① 83.7 ② 270 ③ 89.6 ④ 322 ⑤ 13.77 ⑥ 30.6 ⑦ 45.82 ⑧ 15.12 ⑨ 1.173 ⑩ 3.066 ⑪ 7.735 ⑫ 3.822

연습7 ① 14.27 ② 13.09 ③ 13.42 ④ 14.08 ⑤ 12.78 ⑥ 11.4

연습8 ① 14.57 ② 13.23 ③ 11.97 ④ 16.13 ⑤ 11.83 ⑥ 12.55

메모 하세요!

계산력 완성 !!!
스스로 하루를 준비하는 아침5분수학